AF223510

# ANCIENNES SÉPULTURES

## DE

# L'ABBAYE DE BEAUPRÉ

### D'APRÈS DES MANUSCRITS INÉDITS DE DOM CALMET.

# ANCIENNES SÉPULTURES

## DE

# L'ABBAYE DE BEAUPRÉ

### D'APRÈS DES MANUSCRITS INÉDITS DE DOM CALMET

## PAR M. LE B<sup>on</sup> DE RING

### AVEC DES NOTES ET ADDITIONS

### PAR

## M. PAUL DELORME.



NANCY

TYPOGRAPHIE DE G. CRÉPIN-LEBLOND

Grande-Rue (Ville-Vieille), 14.

**1880**

# I

L'abbaye de Notre-Dame de Beaupré, de l'ordre de Citeaux, remplacée aujourd'hui par une ferme qui dépend de la commune de Moncel, à dix kilomètres environ de Lunéville, fut fondée, en 1135 (1), par Folmar, comte de Metz et de Lunéville, beau-frère du duc de Lorraine Simon I*, et par sa femme Adélaïde. Les libéralités des souverains et des seigneurs du pays, les vertus et le savoir de ses moines lui assurèrent de bonne heure de grands biens et un grand renom; elle sut les conserver pendant de longs siècles. Mais les invasions dévastatrices des reitres et lansquenets protestants, au xvi* siècle, et des troupes franco-suédoises, au xvii*, lui portèrent des coups désastreux, dont elle ne s'était pas relevée lorsque la Révolution mit fin à son existence.

L'église du couvent était vaste, et remarquable par ses collatéraux, qui régnaient non-seulement dans toute la

(1) Dom Calmet, *Notice de la Lorraine.*

longueur de la nef, mais se prolongeaient sur le pour-
tour de la croisée (1). Protégée tout particulièrement
par les ducs de Lorraine, elle servit de nécropole à un
certain nombre d'entre eux et à plusieurs membres de
leur illustre Maison.

On trouve, dans les œuvres manuscrites et inédites
de Dom Calmet, provenant des archives de l'abbaye de
Senones, et conservées à la bibliothèque de Saint-Dié,
une énumération des personnages de la famille ducale
inhumés à Beaupré, avec une copie de leurs épitaphes.
Ces documents sont accompagnés de lettres et mémoires,
dont les énonciations, si elles ne peuvent être admises
sur tous les points, présentent du moins un certain
intérêt. C'est à ce recueil que nous empruntons les
pièces suivantes, dont nous aurons plus loin à examiner
les affirmations. Nous les reproduisons textuellement,
en en respectant scrupuleusement l'orthographe.

(1) Dom Calmet, *Notice de la Lorraine.*

## II

Le 2 avril 1728, un religieux de l'abbaye de Beaupré écrivait à Dom Calmet :

« Monsieur,

» Hier en nettoyant un vieux taudis qui étoit plein de sciures, de poussières, d'éclats et de coupeaus de bois négligés depuis que nous sommes à Beaupré, et peut-être depuis un temps immémorial, on trouva trois épitaphes dont voici les copies encloses. Elles sont écrites en lettres gotiques sur du parchemin et couvertes chacune d'un verre dans un quadre de bois avec un anneau de fer : par où sans doute elles étoient suspendues autrefois aux mausolées des princes dont elles portent les noms. Ces pièces paraissent postérieures aux temps des ducs dont elles annoncent la mort. Elles semblent écrites toutes d'une même main : et j'y remarque quelque défaut d'exactitude que vous découvrirés sans doute mieux que moi. Je suis moralement assuré que le Duc Thiébault second du nom est auprès de Ferry 5°, son fils, au coté droit du sanctuaire de nre Eglise; mais son épitaphe ne s'est pas trouvé avec les autres. J'espère que l'envie de voir les originaux vous engagera à entreprendre le pélerinage de Baupré bientôt après la tenue de votre Chapitre général, et que vous me ferés la grace de m'apporter ou tout au moins de me marquer que Mss<sup>rs</sup> les trois Révérends pères Définiteurs m'ont accordé le Lecteur que je leur ai demandé. Je me suis hâté de vous envoyer ces épitaphes, avant vro départ pour le Chapitre Général, par des messieurs qui me laissent à peine le temps d'ajouter que je suis avec respect,

» Monsieur,
Votre très humble et
Très obéissant serviteur

Fr. ANSELME

» A Beaupré le 2 avril 1728. »

A la lettre étaient jointes les trois copies suivantes (1) :

## 1. LE DUC FERRY III.

« An ce lieu gist tres illustre prince Ferry surnōme le

(1) Il existe, aux Archives de la Meurthe, des copies anciennes des mêmes soi-disant épitaphes, jointes à un obituaire de Beaupré; les différences de texte sont à peu près insignifiantes; nous les avons indiquées entre parenthèses.

» chaulue, 4me do ce nom (1) 51me duc do Lorraine et
» 18me marchis, Fils do tres haut Prince Mathieu surnome
» le begnim (2) 50me duc do Lorraine et 17me marchis,
» Et de tres haute pricesse dame Catherine duchesse de
» Lorraine marchise, Fille de hault prince Conrad comte de
» Luxembourg. Comença a reguer en lan 1250 (et) régna 54
» ans, puis la mort le deffit à Nancy aagé de 90 ans (3) le 15me
» de novembre lan 1303 (4), fut royallement ensepueli le
» 17me iour du dit moys.

» Reuerand prince messire Ferry euesque dorleas (fils du
» dessudit duc Ferry, Et de très-illustre princesse dame Mar-
» guerite duchesse de Lorraine marchise, Fille de haut
» prince Thiebault roy de nauarre), qui mourut le 4me de
» iuing en la 1299, du quel le cueur gist douant le grat aul-

(1) Ce prince, qui n'est autre que le prétendu prisonnier
de Maxéville, est généralement connu sous le nom de
Ferry III; si, dans cette inscription, évidemment fabriquée
après coup, les moines de Beaupré lui donnent le n° 4, c'est
qu'ils comptent un Ferry Ier, duc bénéficiaire, antérieur à
l'établissement héréditaire de la Maison d'Alsace.

(2) *Benignus*, bénin, bienveillant.

(3) C'est à tort que cette inscription, d'accord en cela
avec le P. Vignier, D. Calmet et d'autres historiens superfi-
ciels, donne à Ferry l'âge de *90 ans*. Chevrier avait indiqué
dans ses « hommes illustres », et M. Lepage a démontré
dans ses « actes du règne de Ferry III », que ce prince, ma-
jeur en 1256, probablement à 15 ans, ne pouvait avoir
qu'environ *66 ans* au moment de sa mort. Peut-être cependant, en poussant les choses à l'extrême, aurait-il pu être
âgé au plus de 70 ans, et peut-être alors les moines, copistes
du chiffre porté à l'épitaphe primitive, auraient-ils mal lu
en prenant un 7 pour un 9?

(4) Presque tous les historiens et chroniqueurs indiquent
la date du 21 ou du 31 décembre 1303.

» tel, ou il fut mys le 12 du moy de iuillet. Anime e... um
» requiescant in pace. Amen ».

## 2. Le duc Ferry IV.

« Cy gist très-vertueux prince Ferry, surnõmé le luicteur,
» 5ᵐᵉ de ce nom (1) 53ᵐᵉ duc de Lorraine et 20ᵉ marchis (fils
» de très-haut prince Thiébaut second du nom duc de Lor-
» raine et de très-haulte princesse dame Catherine, du-
» chesse de Lorraine marchise, fille de hault prince Guy.
» comte de Flandres (2) : cômenca à régner l'an 1311, régna
» 19 ans, fut opprimé de la mort à Nancy le 21ᵐᵉ iour
» dapuril iour du sainct vendredi en l'an 1329 (3).
» Très-vertueuse princesse dame Elisabeth (4) duchesse
» de Lorraine marchise, fille de très-hault prince Albert
» premier du nom duc d'Austriche et empereur de Rome.
» Laquelle trespassa le 19ᵉ iour de may, lan 1352 et fut
» ensépulturée avec son mary (5). Requiescant in pace.
» Amen. »

(1) Même observation qu'à la note 1 de la page précédente,
pour le chiffre chronologique attribué à ce prince.

(2) C'est une erreur : la mère de Ferry IV était Isabelle
de Rumigny, par laquelle les ducs de Lorraine héritèrent
des domaines de cette puissante maison de l'Ardenne
champenoise.

(3) Plusieurs historiens le disent tué à la bataille de
Cassel, en 1328; peut-être serait-il mort de ses blessures
l'année suivante? D'autres reculent sa mort jusqu'en 1331,
ce qui n'est pas admissible.

(4) Les deux noms d'Elisabeth et d'Isabelle sont toujours,
à cette époque, employés indistinctement l'un pour l'autre.
Cependant cette princesse est plus communément désignée
dans les historiens modernes sous le prénom d'*Isabelle*.

(5) On verra plus loin que c'est inexact.

### 3. Le duc Raoul.

« Gist trsshaut prince Raoul surnome le Vaillant.
» 34<sup>me</sup> duc do Lorraine et 21<sup>me</sup> marchis, Fils do tresver-
» tueux prince Ferry 5<sup>me</sup> du nom duc do Lorraine marchis.
» et do vertueuso princesso dame Elisaboth duchesso da
» Lorraine marchiso (fillo do hault prince Albert duc
» dautriche emperour). Comença a régner lan 1329, régna
» 18. ans. fut occis a Crecy le. 26<sup>me</sup> daoust iour do
» sabmodi sus le vespre, aage do 27 ans, lan 1346.
» Et fut son corps pourto en ce lieu ou il fut mys en sépul-
» ture auoc pompes royalles. Il espousa en promioro nopces
» haulte pcesso dame Alienor. duchesso do Lorraine mar-
» chiso (fille de illustro prico Edouard comto do Bar) ello
» alla do vie a trespas a Nacy le ii<sup>me</sup> iour doctobro lan 1333.
» En seconde nopce ospousa puissante dame Marie duchesso
» de Lorraine marchiso (fille do puissant prince Guy. comto
» do Blois) elle mourut a Nacy, et fut ensepulturee apres do
« son mary (1). Requiescat in paco. Amon. »

(1) Cetto princesse, nommée communément Mario do
*Blois*, appartenait à la maison de *Châtillon*, et était fillo do
Guy V, comto do Blois et de Guiso, issu en lignos féminines
dos rois Capétiens et des comtes de Champagno do la même
race. On démontrera ci-après qu'elle ne fut pas inhumée à
Beaupré.

# III

Dom Calmet se rendit, paraît-il, à l'invitation du Frère Anselme, car à la page suivante du recueil manuscrit se trouve, écrit de la main du savant bénédictin, le compte-rendu de son voyage, que nous reproduisons textuellement :

« BEAUPRÉ.

» J'ai vu à Beaupré quatre mausolées des ducs de Lorraine. L'un est du duc Raoul, qui se voit en marbre noir, mais hors de sa place et réparé, aiant été entièrement détruit avant le règne de Léopold I, qui l'a fait restituer. Voicy l'épitaphe qu'on y lit :

« Mort, qui de tous prendre est en garde (1)
» fit moult piteuse prinse et grande
» en Raoul, qui, marchis et Dus
» était, et a tous bien rendu.

(1) Dom Calmet a donné lui-même, dans son *Histoire de Lorraine*, deux leçons différentes de cette curieuse épitaphe en vieux vers français : l'une, de forme plus archaïque que

» Saige, courtois et plein dhonneur
» en luy et large d'honneur,
» a Crecy bien se défendit
» toutes les batailles fendit
» Si mourut, n'en soit reprochié,
» trouvé fut le plus approché
» des anglois ; cy en gist le corps
» Dieu lui soit vrai miséricors.

» Cy gist très noble et haut prince Raoul duc de Lor-
» raine marchis, qui trepassa en M. CCC. XLVI en la dar-
» niere semaine Daoust, priez pour ame.

» Hoc sepulcrum omnino dirutum sub augustissimo
» Principe Leopoldo primo feliciter reparatur. »

» Ce monument étoit autrefois au milieu du Chœur ;
il se voit à présent dans la croisée septentrionale.

» Au côté droit du grand autel, c'est-à-dire du côté
de l'évangile, est le mausolée du Duc Ferri III sous une
arcade magnifique fort travaillée à l'antique. Il y est
représenté sous le manteau Ducal aiant sur sa téste une
espèce de bonnet ducal. A son chevet sont deux anges,

l'autre, paraît être la vraie inscription primitive, dont on
aurait plus tard rajeuni le style et l'orthographe. Le premier vers s'y termine par « *en grande* », ce qui, dit en
note le savant abbé, auquel nous laissons la responsabilité
de son explication, signifierait « *en grande (hâte)* », forme
elliptique usitée au moyen-âge. M. Digot, ne sachant comment se tirer des différentes versions de l'épitaphe, a jugé
prudent de n'en donner aucune.

Les manuscrits que nous examinons renferment un autre
texte, que nous reproduisons plus loin, et qui se rapproche
de la version la plus ancienne publiée par Dom Calmet.

portant son ame (1) couronnée d'une couronne ducale ; et à ses pieds un lion au bas de la figure du Duc.

» Au coté gauche du même grand autel et du coté de l'epître sont deux Ducs, sous une meme arcade plus moderne : L'un avec des cheveux fort courts, crépus et sans couronne, mais avec le manteau Ducal, et à sa teste deux anges portant une ame, dont le haut est entierem[t] brisé. C'est le plus éloigné de l'autel, et apparemment Ferry IV, qui est le dernier qui ait été enterré dans le monastère (2). Sous la même arcade est une autre figure revetue du manteau Ducal, avec le bonnet Ducal en teste, et à la teste deux anges portant aussi une ame, mais dont le haut est entierem[t] brisé. C'est apparem[t] le Duc Thiébaut II qui fut enterré à Beaupré après Ferri III.

» Il n'y a que quatre Ducs enterrés à Beaupré : savoir 1° Ferri III, 2° Thiébaut II, 3° Ferri IV, 4° Raoul au milieu du chœur. »

(1) Ne faut-il pas lire, comme plus bas, *armet* (casque)? C'est ce qui ressort des gravures de ces monuments qui se trouvent au tome III de l'*Histoire de Lorraine* de D. Calmet.

(2) Erreur : c'est Raoul qui fut le dernier duc inhumé à Beaupré.

# IV

Dans le même recueil inédit provenant de Dom Calmet se trouvent plusieurs autres notices ou mémoires manuscrits, relatifs aux tombes princières de Beaupré. Ils ne sont plus de la main de l'abbé de Senones, et paraissent remonter à une époque bien antérieure à la sienne. Il y a tout lieu de croire qu'ils émanent d'un moine de Beaupré.

Nous reproduisons ou analysons ci-après deux de ces manuscrits. Le premier nous fournit, avec quelques variantes peu importantes, les trois inscriptions sur parchemin encadré copiées par le frère Anselme, et un texte assez dissemblable de l'épitaphe du duc Raoul insérée au mémoire de Dom Calmet rapporté plus haut; il renferme, en outre, une curieuse inscription relative au duc Thiébaut II, qui avait vraisemblablement sa tombe à Beaupré.

Le second énumère tous les princes et princesses, qui, suivant l'auteur du mémoire, ont été inhumés à

Beaupré : cette liste fantaisiste, qui nous semble grossie à plaisir par un moine désireux d'ajouter au lustre de son monastère, en multipliant les hô:es illustres de ses voûtes funèbres, demande à être examinée avec une sévère critique historique.

### Premier document.

Nous rétablissons les inscriptions dans leur ordre chronologique, non suivi par le manuscrit.

1. « Épitaphe du puissant prince Ferry quatrième du nom (1), duc de Lorraine et Marchis, père de Thiébaut second du nom. »

Elle est semblable, sauf d'insignifiantes variantes, à celle qui est donnée ci-dessus; nous ne la reproduirons pas. A sa suite se trouve l'inscription relative au cœur de Ferry, évêque d'Orléans, « fils du dessus dict duc Ferry », telle qu'elle a déjà été reproduite plus haut.

2. « Épitaphe du puissant prince Thiébaut, second du nom, duc de Lorraine et Marchis, père de Ferry cinquième (2).

« Ci-gist très-hault prince Thiébault, surnommé le libé-
» ral, second de ce nom, cinquante-deuxième duc de Lorraine
» et dix-neufvième Marchis, fils de puissant prince Ferry qua-
» trieéme de ce nom, duc de Lorraine Marchis, et de noble
» princesse dame Marguerite duchesse de Lorraine mar-
» chise, fille de Thiébault Roy de Navarre; commença à régner
» L'an mil trois cens et quatre, et régna huict ans. Il tres-
» passa a Florence le seizième jour de may, l'an mil trois cens
» et douze, duquel le corps fut rapporté et icy mis près de

(1) Lisez Ferry III.
(2) Lisez quatrième.

» son père, avecq son espouse dame Catherine duchesse de
» Lorraine Marchise, fille de Guy Comte de Flandres (1).
» *Requiescat* (2) *in pace, Amen.* »


Cette inscription est accompagnée de la suivante :


« Haulte princesse dame Isabeau de Lorraine leur fille
» dame d'Ancerville (3) et de Gerbeviller, femme de Henri


(1) Tous les historiens donnent pour femme à Thiébaut II
*Isabelle de Rumigny;* quelques-uns assurent même que ce
prince fut inhumé à l'abbaye de Bonnefontaine en Thiérache,
sépulture de la maison de Rumigny, et nous examinerons
plus loin la valeur de cette assertion; mais il n'est fait nulle
part mention de cette *Catherine de Flandres,* au décès de
laquelle la prétendue épitaphe ne peut d'ailleurs assigner ni
un lieu, ni une date.

D'après les termes mêmes de l'inscription, il y aurait eu
trois corps dans ce même tombeau de Ferry III; les exhumations de 1792 ont prouvé qu'il n'en était rien, comme on
le verra plus loin.

Quant à la mort du duc Thiébaut II à *Florence,* c'est un
fait demeuré inconnu aux divers historiens, et qu'il reste à
vérifier.

Le père Benoît Picart affirme que ce prince mourut à
Nancy, le 13 février 1312, âgé de 50 ans, et tous les auteurs
modernes ont adopté cette opinion.

(2) Pourquoi ce *singulier,* si les deux époux reposaient
dans le même tombeau?

(3) Il doit y avoir ici une erreur absolue, ou une inexac-
titude d'écriture, car Ancerville faisait alors partie des possessions de la maison de Joinville, et ne pouvait appartenir
à la maison de Lorraine; un fils du célèbre historien de
Saint Louis, né en 1248, porta le nom de sire d'Ancerville,

» comte de Richicourt (1); elle deceda le douzieme jour de
» decembre l'an Mil trois cens cinquante trois. *Requiescat in
» pace. Amen* ».

3. « Épitaphe du duc Ferry cinquiesme (2) de ce nom, duc
de Lorraine et marchis, père du vaillant duc Raoul. »

Le texte en a déjà été donné précédemment ; inutile
de le reproduire ; nous ferons ressortir plus loin toutes
les inexactitudes qu'il renferme.

Il est suivi d'une soi-disant épitaphe d'Élisabeth
d'Autriche, épouse de ce prince ; nous la donnons ici
parce qu'elle diffère un peu de la *leçon* insérée au commencement de ce travail d'après la lettre du frère
Anselme et la copie manuscrite des Archives de la
Meurthe (3) :

« Ci-gist haulte princesse dame Elisabeth duchesse de
« Lorraine Marchise, espouse du très - puissant princ
» Ferry cinquiesme, fille de hault prince Albert premier de
» ce nom duc d'Austriche et Empereur de Rome (4), Laquelle

(1) Il n'y avait pas alors de *comtes* de Réchicourt ; les
chefs de la puissante maison de ce nom portaient le titre de
*sires*. Toutes ces inexactitudes donnent la mesure du peu
de foi qui doit être ajouté aux énonciations de ces manuscrits.

(2) Lisez quatrième.

(3) Nous examinerons plus loin la question du lieu de la
sépulture d'Isabelle (ou Elisabeth) d'Autriche, qui était resté
jusqu'ici un problème. — Il est absolument certain que cette
princesse n'a pas été inhumée à Beaupré.

(4) Toujours au point de vue du contrôle de la véracité de
ces textes, il n'est pas sans intérêt de faire remarquer
l'invraisemblance de protocole qui consiste à qualifier le duc
Ferry de « très-puissant Prince », tandis qu'on ne donne à
l'*empereur* Albert que la dénomination de « hault Prince ».

» trespassa le dixneufvième jour de mai . trois cens
» cinquante deux, et est Ici avec son dict Marit. *Requiescat*
» *in pace. Amen* ».

4. « Épitaphe de Raoul duc de Lorraine et marchis. »

Son texte diffère sensiblement des deux versions de
Dom Calmet et de celle indiquée précédemment ; c'est
pourquoi nous croyons pouvoir la donner *in extenso*,
tout en reconnaissant qu'il sera difficile d'arriver jamais
à établir une collation satisfaisante pour la partie en
vers. M. Digot y a renoncé. La présente *leçon* nous semble pourtant pouvoir être considérée comme la plus
rapprochée de la forme primitive contemporaine de la
mort du prince, car elle a conservé, au singulier des mots
sujets, la lettre *s*, dernière trace, dans notre vieille lan-
gue du moyen-âge, des déclinaisons latines et de leur
nominatif masculin ; et c'est là le caractère propre de
l'orthographe du xiii<sup>e</sup> et du commencement du xiv<sup>e</sup>
siècle, bien plus logique et moins arbitraire qu'on ne se
l'imagine aujourd'hui (1). Nous ne serions donc pas éloigné
de tenir ce texte pour la forme à adopter définitivement.
C'est, du reste (2), celui qui a été publié par M. l'abbé
Guillaume dans ses « *Cordeliers* », d'après la copie faite
*de visu* sur le monument lui-même par les commissaires
à l'exhumation de 1792.

> » Mors, ki est de tous prendre ongrande,
> » Fist moult piteuse prise et grande

(1) Voir, à ce propos, une très-intéressante étude de
M. Vitet, concernant une édition récente de l'œuvre originale du sire de Joinville (*Revue des Deux-Mondes*, mai 1868.)

(2) Sauf de légères divergences, provenant sans doute de
différences de lecture ou de copie.

» En Raoul, ki Marchis et Dus

» Estoit, et a tous biens rendus (1)

» Preus, fors, gentiens (2) et plains donneur; (3)

» Fust en Luy, ot Larghe donneur.

» A Kréci bien se des fendi,

» Toutes les batales fendi.

» Sil mourut, n'en soit reprochies :

» Trouues fut li plus approchies

» Des Engles; or gist ci li cors,

» Dieus Li soit vrais miséricors. »

« Ci gist très-puissans, et très-nobles prinches

» Raouls duc de Loherainne et Marchis, qui

» trespassa l'an Mil trois cens quarante-six en

» la daranière semaine d'aoust, priés pour

» ame. »

> « Aultre épitaphe du dit seigneur
> duc Marchis (4) ».

« Ci gist Treshault prince Raoul surnommé le Vaillant,
» cinquante quatriesme Duc de Lorraine et Vingt uniesme
» Marchis, fils de tres vertueux prince Ferry cinquiesme
» de ce nom Duc de Lorraine Marchis et de noble prin-
» cesse dame Elisabeth fille de hault prince Albert d'Austri-
» che Empereur de Rome. Il commença à régner L'an Mil
» trois Cens vingt neuf et régna dix huit ans. Il fut occis a
» Crecy l'an Mil trois cens quarante six le vingt sixième

(1) C'est-à-dire a rendu tous ses biens.

(2) Nos manuscrits, ainsi que le texte de 1792, écrivent *gentiens*, en un seul mot, ce qui n'a aucun sens. Nous pensons qu'il aurait fallu lire : *gent* (dont le féminin *gente* est resté plus connu, comme dans l'expression si répandue *gente Damoiselle*,) — et *pieus* (pius.)

(3) Il faut lire: plains d'*honneur*.

(4) On la reproduit ici à cause de certaines différences avec le texte précédemment présenté.

» Jour dAoust Jour de Sabmedy sur le Vespre estant aagé de
» vingt sept ans, et fut son corps rapporté au lieu de Beau-
» pré, ou Il fut ensepulturé en pompes royalles. Il espousa
» en premieres nopces haulte princesse Dame Alienor fille
» de hault prince Edouard comte de Bar, elle décéda à
» Nancy l'onzième jour d'octobre Mil trois Cens trente
» trois. »

» Il espousa en secondes noces puissante princesse dame
» Marie de Bleis fille d'excellent prince Guy comte de Blois,
» elle trespassa à Nancy et est ensépuelie auprès de son
» marit Raoul Duc de Lorraine Marchis. »

### Second document.

« Les princes et princesses de la très-puissante maison
de Lorraine, reposans au Chapitre de L'Ecclise
Nře Dame de Beaupré pres de Lunéville. »

« Et premier :

1 « Très illustre princesse Dame Agnès première espouse
» de très puissant prince Ferry troisiesme (1) de ce nom
» quarante huictieme duc de Lorraine et quinzieme Marchis,
» fille d'Illustre prince Thiébauld Comte de Briey, comtesse
» de Bith (2), Vienne (?) et dame de Gerbeviller, laquelle
» mourut L'an de grâce Mil deux Cens et ung. »

2 « Très-vertueuse princesse dame Agnès, Duchesse de
» Lorraine, seconde espouse du dit prince Ferry troisieme

(1) Lisez Ferry II,
(2) Bitche.

» du nom, fille de hault prince Thiébauld premier du nom
» Comte de Bar, et de dame Armesson (1) de Luxembourg,
» elle trespassa le dix neufieme Jour de Juin Mil deux
» Cens vingt six (2). »

3 « Tres haulte princesse dame Catherine (3), Duchesse
» de Lorraine, espouse de puissant prince Thiébauld, pre-
» mier du nom, quarante neufième Duc de Lorraine et
» seizieme Marchis, fils de très Illustre prince Ferry troi-
» sième de ce nom et de Dame Agnès fille de hault prince
» Albert Comte de Metz et d'Asbourg (4). »

4. « Tres-puissant prince Mathieu second de ce nom,
» surnommé le bening, cinquantiesme Duc de Lorraine et
» dixseptième Marchis, frère de Thiebault duc de Lorraine
» Marchis, et fils du Duc Ferry et de dame Agnès de
» Brie (5) comme dessus est dict. Commença a régner l'an
» Mil deux Cens vingt et régna trente ans. Il trespassa de
» ce siecle à Joppé l'an Mil deux Cens cinquante le dixieme

(1) Ermenson.

(2) On ne connaît au duc Ferry II, mort le 10 octobre
1213, et inhumé à Sturzelbronn, qu'une seule épouse,
Agnès de Bar ou de Briey, fille de Thibaut, comte de Bar,
Briey et Bitche, et morte en 1226. Le manuscrit a en quelque sorte dédoublé cette princesse, pour faire d'un seul et
même personnage deux épouses successives du duc Ferry.
Agnès paraît avoir été réellement inhumée à Beaupré.

(3) On ne connaît cette princesse que sur le nom de
*Gertrude;* remariée au comte de Linange, et morte veuve
en 1225, elle fut inhumée à Sturzelbronn, près du duc Thiébaut, son premier mari, et non à Beaupré.

(4) Il faut lire *Dachsbourg* (*vulgó* Dabo).

(5) Briey; on prononçait Briy, et le nom de la branche
des Landres de Briey se prononce encore aujourd'hui *Brie,*
tout en s'écrivant *Briey.*

» Jour de Febvrier, puis son corps rappourté en son pays fut
» ensepuelis L'an Mil deux Cens cinquante trois en ce pnt
» chapitre (1). *Requiescat in pace.* »

5. « Sa premiere espouse fut hautte princesse Dame
Agnés Duchesse de Lorraine Marchise, fille de Illustre
prince Otto Duc de Bauiòres, elle mourut à Nancy le vingtieme Jour de Juillet Mil deux Cens vingt six. *Requiescat in
pace. Amen* » (2).

(1) La croisade de Mathieu II et sa mort à Joppé sont
considérées comme des fables par tous les historiens. Il a
été inhumé en 1251, non à Beaupré, mais à Sturzelbronn, où
se voyait son épitaphe en latin sur son tombeau.

(2) Il est à peine besoin d'examiner cet incroyable assem-
blage d'erreurs et de fables, qui donne au duc Mathieu II trois
femmes, dont la dernière était son aïeule. On ne connaît
à ce prince d'autre épouse que Catherine de Limbourg et
Luxembourg, qui mourut en 1255, et non en 1248; tous les
historiens s'accordent sur cette date, confirmée d'ailleurs par
l'épitaphe retrouvée à Beaupré par Dom Fangé, comme on
le verra plus loin.

Agnés de Bavière, qui n'a jamais existé, du moins comme
duchesse de Lorraine au xiiiᵉ siècle, n'a pu être inhumée à
Beaupré. Le manuscrit semble la confondre avec Agnés de
Bar, épouse de Ferry II, car la date qu'il attribué au décès
de cette Bavaroise imaginaire, se rapproche beaucoup de
celle de la mort de ladite Agnés : 20 juillet 1226, — 19 juin
1226.

Quant à Ludomille de Pologne, tout le monde sait qu'elle
était la femme du duc Ferry 1ᵉʳ, dit de Bitche, mort en 1207,
et par conséquent la grand'mère de Mathieu II. Le bon religieux, auteur de ces élucubrations fantaisistes, ne se doutait
guères que sa trop fertile imagination transportait sur les
bords de la Meurthe les *erreurs* de la famille d'Œdipe.

Ludomille de Pologne, morte en 1223, fut inhumée à
Sturzelbronn, près de son mari; leurs épitaphes, en latin,
publiées par le P. Benoît Picart, ont été retrouvées sur place
par Mory d'Elvange, en 1766.

6. « Sa seconde espouse fut très-Illustre princesse Dame Catherine Duchesse de Lorraine Marchise, fille de hault prince Conrad comte de Luthzelbourg (1). Elle trespassa à Nancy le vingtieme Jour d'Auril Mil deux Cens quarante huict. *Requiescat in pace. Amen.* »

7. « Sa troisiesme espouse fut puissante princesse Dame Leodomille, fille de puissant prince Miethlaus Roy de Pollannie ; elle repose inhumée auecq les susdites Duchesses en ce présent chapitre. *Requiescat in pace.* »

8. « Illustre prince Mathieu (2) Baron de Ploumières (3) et
» Seigneur de Belreuuart (4) gendre au comte de Bar. Il
» mourut le huictième Jour d'Aoust l'an Mil deux cens
» quatre vingth et ung et gist en ce chapitre. *Requiescat*
» *in pace. Amen.* »

9. « Puissant prince Jehan, Chevalier et Comte de Toul
» qui trespassa le troisieme jour de Septembre Mil deux
» Cens quatrevingth et quinze (5). Il est inhumé à l'entrée
» du Chapitre. *Requiescat in pace. Amen.* »

10. « Illustre prince Ferry Seigneur de Bremoncourt et
« Ploumieres, qui mourut huictieme Jour d'Octobre l'an
» Mil trois Cens et douze, et est Inhumé au cloistre auecq

(1) *Luxembourg ; Lutzelbourg* est la forme allemande.

(2) Fils puîné du duc Ferry III.

(3) Plumières, ancienne forme du nom de Plombières. Ce titre de *baron* est de pure fantaisie; jamais le prince n'est désigné que sous le nom de *sire.*

(4) Belrewart, Belrouart, aujourd'hui Beauregard, près de Raon-l'Etape.

(5) Le manuscrit semble avoir copié par erreur la date précédente, 1295; Jean mourut le 3 septembre 1306, suivant le P. Benoît Picart.

» sa femme Dame Margueritte fille de Ferry (1) Comte de
» Blamont, la quelle mourut le tiers Jour de Septembre
» Mil trois Cens et dix. *Requiescant in pace. Amen.* »

« Les trois princes susdits sont enfans de très-Illustre
prince Ferry surnommé le Chatluo quatriesme du nom,
cinquante et uniesme Duc de Lorraine et dixhuictieme
Marchis et de tres-haulte princesse Dame Marguerite Duchesse de Lorr⁰ᵉ Marchise, fille de hault prince Thiébaut
Roy de Navarre. »

11. « Ci gist très-puissant prince Symon, surnommé le
» Gros premier du nom quarante cinquiesme Duc de
» Lorrainne et douzieme Marchis, fils de tres-hault prince
» Thierry quarante quatriesme duc de Lorraine et onzieme
» Marchis nepueu de Gondefroy et Baudouyn Roys de
» Hyerusalem et de haulte princesse Dame Bertho Duchesse
» de Lorraine Marchise, fille de puissant prince le vieux
» Symon Duc de Mosellanie, Commença a regner l'an Mil
» Cent et trente. L'an Mil Cent trente neuf entreprint le
» voyage de Hyérusalem, ayant visité les Sᵗˢ Lieux espérant
» retourner en son pays, au lieu de Venise une maladie le
» print de laquelle il mourut l'an Mil Cent quarante et
» ung. Son corps rapporté en Lorraine fut Inhumé en ce
» lieu. *Requiescat in pace. Amen* » (2).

12. « Ci gist puissant prince Vaulthier, fils de hault
» prince Symon comme dict est, et de puissante dame dame
» Adeline (3) duchesse de Lorraine Marchise, fille de noble

(1) C'est plutôt *Henry.*

(2) Le duc Symon Iᵉʳ a été inhumé à Sturzelbronn en 1139;
il ne s'est jamais croisé et n'est pas mort à Venise; on exa-
minera plus loin les assertions romanesques de cette espèce
de notice fabuleuse que l'auteur présente comme une épitaphe réelle.

(3) Généralement *Adélaïde.*

» prince Gérard comte de Quervords (1), seigneur et baron
» de Gerbéviller, Qui trespassa L'an Mil Cens quarante neuf
» le douzieme de Mars, et repose Icy son corps auec celluy
» de la noble Comtesse son espouse. *Requiescant in pace.*
» *Amen* » (2).


(1) De Saxe-Querfort ou Querfurth.

(2) Il n'est pas prouvé que Vauthier de Gerbéviller soit
fils du duc Simon 1er, ni même qu'il appartint à la maison
de Lorraine; certaines chartes sembleraient même indiquer
le contraire (Voir Benoît Picart, Digot.)

V

Nous avons suivi pas à pas les différentes pièces et
les divers documents manuscrits qui composent le
recueil de la bibliothèque de Saint-Dié. Sans leur
attribuer à tous une égale valeur, et sans confondre
par exemple les lettres de Frère Anselme et de Dom
Calmet avec le tissu de fables et d'erreurs qui forme
le dernier de nos documents, et que nous n'avons
donné qu'à titre de simple curiosité, nous avons reproduit le tout tel que nous l'avons trouvé, nous bornant
à faire en notes quelques réserves sur les points les
plus inexacts ou les plus extravagants. Il s'agit maintenant d'examiner la valeur historique de ces pièces,
d'en établir les erreurs, et de dégager, au point de vue
des sépultures ducales à Beaupré, ce qui peut en ressortir comme vérité incontestable.

Les éléments d'information et de contrôle ne man-
quent pas. Tous les historiens lorrains se sont occupés
des sépultures ducales : Ruyr, le P. Vignier, le P.

Benoît Picart, le P. Hugo, Dom Calmet, ont fourni des indications précieuses; MM. de Mory d'Elvange et le comte de Foucault, dans deux importants mémoires manuscrits, conservés à la bibliothèque de Nancy (1), ont donné des descriptions détaillées des monuments et inscriptions existant de leur temps dans les diverses églises et abbayes des Etats lorrains; en outre, plusieurs obituaires et nécrologes nous ont été conservés. C'est à l'aide de ces différentes sources que M. l'abbé Guillaume a composé son excellent ouvrage sur « *les Cordeliers et la Chapelle ducale* ».

Pour ne pas remonter au-delà des ducs héréditaires, on sait que Gérard d'Alsace, son successeur immédiat et leurs familles, avaient leur sépulture dans le Chaumontois, à Remiremont et à Châtenois.

A partir du duc Simon I<sup>er</sup>, mort en 1139, et fondateur de l'abbaye de Sturzelbronn, l'église de ce monastère

(1) 1° *Mémoires et renseignements historiques fournis à S. M. l'Empereur d'Autriche, etc., et à son auguste famille, sur les tombeaux de la maison royale de Lorraine......*, par M. le comte de Foucault, chambellan de S. M. l'Empereur d'Autriche, major à son service, membre de l'Académie royale de Nancy, etc. — (Une *histoire* estimée *du duc Léopold* a été publiée sous le nom de M. de Foucault).

2° *Notice historique des monuments funèbres des ducs héréditaires de Lorraine, et particulièrement de ceux dont les cendres n'ont pas été réunies au caveau ducal.....* — On sait que Mory d'Elvange était l'un des agents de la maison impériale en Lorraine. Son travail, fruit de longues recherches et de nombreux voyages d'investigation, fut lu par lui à l'Académie de Nancy au mois de mars 1791; deux ans après, l'infortuné patriote lorrain mourait sur l'échafaud avec un fils de 18 ans!....

reçut les dépouilles mortelles des souverains pendant environ 150 ans, sauf celles du duc Mathieu et de sa famille, inhumées à Clairlieu.

Depuis, et y compris le duc Ferry III, quatre générations ducales eurent leur sépulture à Beaupré, jusqu'au duc Raoul inclusivement, c'est-à-dire de 1303 à 1346; à dater de Raoul, *nos princes* sont inhumés à Saint-Georges et aux Cordeliers.

Toutefois, antérieurement à Ferry III, deux princesses avaient choisi leur dernière demeure dans l'antique abbaye des Folmar: c'étaient les duchesses Agnès de Bar et Catherine de Limbourg et Luxembourg.

Mais il importe de reprendre un par un chacun des personnages qui étaient censés reposer à Beaupré, et de donner quelques détails sur leurs sépultures, en contrôlant, à l'aide des sources authentiques et des données certaines des diverses histoires et archives, les assertions souvent si hasardées de nos manuscrits.

Et d'abord, une observation générale s'impose à l'esprit au premier examen des documents que nous avons reproduits : c'est qu'il suffit de jeter un coup d'œil sur la plupart des prétendues épitaphes qu'ils renferment, pour se convaincre que ce n'étaient pas là de véritables *épitaphes* qui aient jamais pu être inscrites sur des monuments funèbres ou sur des pierres tombales, mais seulement des espèces de *notices* composées après coup par les moines, soit d'après d'anciens nécrologes, soit même de toutes pièces. Il n'est pas besoin en effet, d'être bien familiarisé avec les monuments des XIII° et XIV° siècles, pour savoir que les inscriptions funéraires de ce temps ne comportaient pas de pareils détails, et ne se composaient généralement que de quelques brèves indications (1). Il ressort, du reste, des lettres mêmes du frère Anselme et de Dom Calmet, que les inscriptions qu'ils ont vues et copiées, étaient écrites sur parchemin, en caractères gothiques, et placées sous verre dans des cadres de bois suspendus aux piliers voisins des monuments qu'elles concernaient. C'est aussi ce qu'ont constaté les commissaires de 1792 (2). Il est donc hors de doute que ces inscriptions détaillées n'étaient pas la copie des épitaphes qui avaient dû être autrefois gravées sur les anciens tombeaux, et qu'elles étaient purement et simplement l'œuvre des religieux de l'abbaye. Dès lors, on s'explique les erreurs que ceux-ci y avaient accumulées, dans le but, d'ailleurs louable, d'honorer la mémoire et d'enfler la renommée de leurs souverains, de leurs bienfaiteurs, mais au grand détriment de la vérité historique.

Cela dit, arrivons à l'examen détaillé des diverses sépultures.

### Agnès de Bar.

On a vu que, contrairement aux assertions du manuscrit, cette princesse fut la seule et unique épouse du duc Ferri II. Elle mourut veuve, le 10 juin 1226. Albéric

---

(1) Cette qualification même de *haut prince*, qui n jo ne sais quel air germanique, n'était pas alors en usage ; ce n'est que plus tard que les appellations de haut et très-haut se sont introduites, et encore étaient-elles toujours accompagnées de celles de puissant et très-puissant.

(2) *Les Cordeliers......*, abbé Guillaume.

de Trois-Fontaines (1) et le P. Benoît Picart indiquent qu'elle fut inhumée à Beaupré. Cette opinion, adoptée par M. Digot, par Bégin, etc., est aussi exprimée dans la liste insérée au procès-verbal de la réintégration des restes princiers aux Cordeliers, en 1826. C'est ce procès-verbal, conservé aux Archives de la Meurthe, qui a servi de base à la précieuse brochure de M. de Ville-neuve-Bargemont, depuis marquis de Trans, sur *La Chapelle ducale et la cérémonie expiatoire...*

Tous les témoignages sont donc ici d'accord avec l'indication fournie par le manuscrit. Toutefois, Mory d'Elvange ne retrouva aucune trace de la tombe de la duchesse, et les procès-verbaux des exhumations de 1792 n'en font pas mention. Il y a lieu de croire que ses cendres sont restées sur place, au milieu des débris du monastère, parmi lesquels M. Joly a encore retrouvé, en 1866, plusieurs pierres tombales du même temps, pu-bliées dans les *Mémoires de la Société d'Archéologie*(2) ; aussi les dépouilles mortelles de cette princesse ne figurent-elles pas sur les listes de celles qui reposent au-jourd'hui dans les caveaux de la Chapelle ducale (3).

Maintenant, comment et pourquoi Agnès de Bar, au lieu de reposer, comme c'était l'usage, auprès du duc son mari, à Sturzelbronn, aurait-elle choisi sa sépulture à Beaupré, dans la nécropole des Folmar, alors qu'aucun duc de Lorraine n'y avait encore pris place? En rap-

(1) *Ibid:* « *Anno 1226; Agnes, ducessa Lotharingiœ, se-pulta est in abbatia Belli-Prati.* »

(2) Voir aussi le Journal de la Société, de l'année 1879.

(3) Listes établies par l'abbé Guillaume dans l'ouvrage précité.

prochant la date de sa mort, 1226, — de celle du décès de sa bru, Gertrude de Dachsbourg, 1225, — il est permis de penser que ce sont ses liens de famille et d'affection avec cette dernière qui ont motivé son inhumation au milieu des membres de la Maison des comtes de Metz, Lunéville et Dachsbourg, dont elle était devenue l'alliée (1).

Jusque là, Beaupré, qui devait sa naissance et ses richesses à ces souverains et à divers barons, n'avait reçu aucun bienfait des ducs de Lorraine eux-mêmes. Ce n'est qu'à partir de Thiébaut I<sup>er</sup> que ceux-ci multiplièrent les fondations et donations en faveur de l'abbaye. C'est ce qui ressort de l'*obituaire* dont nous avons parlé.

Quant à Gertrude de Dachsbourg, que notre manuscrit place à Beaupré, elle ne paraît pas y avoir été ensevelie près de ses ancêtres; elle est partout indiquée comme ayant été inhumée à Sturzelbronn avec le duc Thiébaut I<sup>er</sup>, son premier mari (2). En tous cas, on

(1) C'est à titre de descendants de ces dynastes que les sires de Parroye avaient leurs tombes à Beaupré, ainsi que leur postérité masculine de la maison de Savigny, et féminine de celle de Lénoncourt. Ces tombes et leurs épitaphes, dont la description et le texte nous avaient été conservés dans les manuscrits de Mory d'Elvange, à Nancy, et de Dom Calmet à Saint-Dié, ont été retrouvées en partie par M. Joly en 1866 (Voir les *Mémoires de la Société d'Archéologie*, année 1866, et le Journal année 1879). Nous nous en occuperons dans un prochain travail.

(2) Dom Calmet, Digot, abbé Guillaume, Villeneuve, d'après le procès-verbal de 1826. — M. G. Boulangé a publié une intéressante notice sur les *sépultures* ducales de Sturzelbronn.

n'a pas retrouvé ses restes à Beaupré lors des fouilles de 1702, et elle n'est pas mentionnée au nombre des hôtes actuels de la Chapelle ducale.

## Catherine de Luxembourg.

Cette princesse, fille de Valeran, comte de Limbourg et de Luxembourg, veuve du duc Mathieu II, régente pendant la minorité de son fils Ferry III, avait été inhumée à Beaupré, en juin 1255. Suivant le P. Benoît Picart (1), son épitaphe en latin se voyait encore sur sa tombe en 1628. Disparue probablement lors des dévastations commises durant les guerres, elle fut retrouvée en 1770 par Dom Fangé, sous un amas de débris. Elle était en relief sur une lame de plomb encastrée dans la pierre ; la partie du texte encore lisible a été recueillie par Mory d'Elvange, et c'est d'après le manuscrit de ce dernier que M. l'abbé Guillaume l'a publiée dans ses « *Cordeliers* » (2). *L'obituaire* de Beaupré mentionne la célébration de son anniversaire (3) en mars.

Ainsi, il est constant que la duchesse Catherine de Luxembourg avait sa sépulture à Beaupré ; sur ce point, du moins, les manuscrits de Saint-Dié, si erronnés rela-

(1) *Origine de la Maison de Lorraine*, page 287.

(2) « Nobilissima...... et strenu...... Catharina Lucemburgica domini Mathei..... uxor..... obiit anno MCCLV septimo kal....... »

(3) Archives de la Meurthe. « Kathérine duchesse de Lorraine et m[a]chise laquelle nos do[n]at ch[a]ũne ans dix libures sur les four bannaulx de Lunéville. »

tivement aux deux autres épouses qu'ils attribuent au duc Mathieu II, sont conformes à la vérité historique.

Les restes de cette princesse, dont il n'est pas fait mention dans les procès-verbaux de 1792 et de 1826, ont dû rester dans le sol de l'église, au milieu des décombres, et des ossements qu'on y voyait en si grand nombre, presqu'à fleur de terre, il y a peu d'années.

Le duc Mathieu II avait été enterré à Sturzelbronn en 1251, au dire de tous les historiens, et quelques-uns ont publié l'épitaphe latine qui lui avait été consacrée dans l'église de cette abbaye. Toutefois, nos manuscrits ne sont pas les seuls documents qui le supposent faussement à Beaupré. Aubert Le Mire, au rapport du P. Benoit Picart, émet le même sentiment. En outre, un mémoire manuscrit, qui fait partie du recueil des œuvres inédites dont nous nous occupons, et qui paraît émaner de la même main que les deux derniers écrits reproduits plus haut, renferme, à ce sujet, les affirmations les plus positives. Il est intitulé :

« *Bresve déclaration des faicts et gestes des souverains princes de l'heureuse et catholique* (1) *Maison de Lorraine, desquels les corps reposent au monastère de Notre-Dame de Beaupré près de Lunéville ;* »

Et ses allégations sont trop curieuses, trop inattendues, trop contraires aux données historiques généralement admises, pour que nous ne lui empruntions pas les

(1) Ce mot *catholique* nous semble donner au manuscrit, ou du moins à son titre, sa date certaine, c'est-à-dire la première moitié du xvie siècle, lors du commencement des luttes religieuses.

passages relatifs aux princes qui nous occupent; voici ce qui concerne Mathieu II :

« ... Mathieu, surnommé le Béning, second du nom,... fut avec l'empereur en la Terre-Saincte, aussi avec les François, flct de grands faicts d'armes, principallement en Asie avec le roy Saint Loys, où il trespassa de ce siècle, à Joppé, l'an trentième de son règne, duquel lieu ses enfants firent rapporter son corps à Nancy, et de là porter à Beaupré, où il fut ensepuely l'an de notre salut 1250, au chapitre dudit Beaupré avec ses trois femmes.... »

Voilà des affirmations bien précises; n'est-ce pas le cas de dire, avec Voltaire, que :

Souvent un air de vérité se mêle au plus grossier mensonge?

Dom Calmet a eu évidemment connaissance de ces chroniques, puisqu'elles faisaient partie d'un recueil de manuscrits qui était entre ses mains. Mais, si dépourvu qu'il fût de critique historique, si prompt à accueillir sans grand examen tous les mémoires qu'il recevait, il n'a pas cru pouvoir adopter les assertions de ceux-ci dans son *Histoire de Lorraine* (1).

Un autre chroniqueur plus moderne, dont les divers manuscrits en question suivent de tous points les errements, le Père Vincent (2), dans une histoire de Lorraine

_______

(1) Voir les règnes de Mathieu II, Ferry III, etc., dans cet auteur.

(2) Les histoires manuscrites du P. Vincent sont assez rares; il manque les 17 feuillets de la fin à l'exemplaire en très-mauvais état de la Biblothèque de Nancy, qui provient du président à mortier de Vigneron de Lozanne; notre exemplaire, très-bien conservé, et très-complet, est d'une

manuscrite qui est entre nos mains, a encore enchéri sur celui de Beaupré. Il ne se contente plus d'attribuer deux croisades à Mathieu II, il lui fait traverser « cinq fois la mer », et le fait aussi mourir à Joppé, en 1250.

Est-il vraisemblable que Joinville, le compagnon et l'historien si fidèle de la croisade de Saint-Louis, le grand Baron si voisin de la Lorraine, apparenté de si près à ses ducs et aux principaux seigneurs du pays, eût passé sous silence des événements et des particularités dont il aurait été le témoin et qui le touchaient si étroitement? Les historiens des croisades mentionnent bien la mort du comte de Bar, tué à Joppé, ou plutôt à *Jaffa* (1), en 1239, mais ils ne disent pas un mot du duc de Lorraine. L'auteur du manuscrit de Beaupré et le P. Vincent n'auraient-ils pas, volontairement ou non, fait confusion entre ce comte de Bar et le duc Mathieu?

M. Digot (2) a fait justice de toutes ces chroniques

belle écriture de la fin du XVIII<sup>e</sup> siècle; chaque page est encadrée d'un filet rouge, et le titre porte pour frontispice les armes pleines de Lorraine en miniature dans un encadrement de verdure. Ce beau manuscrit faisait partie de la bibliothèque de feu M. Perrin (des Vosges).

Le P. Vincent établit la généalogie par la maison de Boulogne et Bouillon, et n'admet pas celle par Gérard d'Alsace.

(1) Jamais les chroniqueurs contemporains des croisades ne désignent cette localité que sous le nom de *Jaffa*; c'est aussi sous ce nom qu'est connu, dans la féodalité d'outremer, le comté feudataire du royaume de Jérusalem. L'appellation de *Joppé* est beaucoup plus moderne, et semble justifier nos doutes sur la vraisemblance de ce récit.

(2) *Histoire de Lorraine*, tome II.

fabuleuses, dont l'inventeur primitif serait le P. d'Aulcy ; les chroniqueurs qui l'ont suivi ont adopté sans examen et même grossi ses erreurs, et le P. Vincent passe pour l'avoir copié à peu près servilement. Peut-être ne serait-il pas trop téméraire de supposer que les manuscrits de Saint-Dié de la provenance la plus ancienne sont l'œuvre du premier de ces religieux, soit en original, soit en copie.

Quoiqu'il en soit, il résulte de ce qui précède que le duc Mathieu II ne s'est pas croisé, n'est pas mort à Joppé, et n'a pas été inhumé à Beaupré *avec trois épouses.*

Toutefois on célébrait à l'abbaye le service anniversaire de ce prince, au mois de février ; l'obituaire s'exprime ainsi :

» Obiit Mathieu duc de Lorraine et mc̄his qui nous donnait toutz son pred de Cluzenteine et plusieurs aultz biens.

r. in. p. »

## Le duc Ferry III, le Chauve.

Tous les documents, tous les historiens sont d'accord avec nos manuscrits pour constater que ce prince, mort à Nancy à la fin de décembre 1303, a été inhumé à Beaupré, comme Catherine de Limbourg, sa mère (1).

(1) Marguerite de Navarre, son épouse, morte à Nancy en 1310, avait son tombeau à l'église des Dames Prêcheresses de cette ville. Lors de la destruction de l'église et du monastère, en 1792, tontes les dépouilles mortelles qu'on y trouva, furent transportées à Saint-Epvre, et inhumées pêle-mêle dans le sol de l'église. Les restes de la princesse sont donc peut-être au nombre des « *ossa pié recollecta* » que M. l'abbé Trouillet a fait religieusement déposer dans un caveau du collatéral gauche de la nouvelle Basilique.

Il reposait dans un petit caveau, sous un monument en pierre, à sculptures gothiques, placé au collatéral de droite, contre le sanctuaire, et surmonté de la statue couchée du prince avec un lion aux pieds et deux petits génies à la tête. A l'un des pilastres était attaché le cadre renfermant l'épitaphe-notice, plus ou moins exacte, que nous avons rapportée, et qui mentionnait en outre le dépôt, devant le grand autel, du cœur de Ferry, évêque d'Orléans, fils du duc (1). Le monument lui-même ne parait pas avoir porté aucune inscription.

A l'époque de la révolution ce tombeau était resté tel que Dom Calmet et Mory d'Elvange l'avaient vu et décrit.

Aux premiers bruits de la tourmente, dès que la suppression des ordres religieux, la confiscation et la vente des monastères et de leurs églises indiquèrent que les cendres ducales allaient être troublées dans les derniers asiles que les pieuses fondations et les libéralités des souverains leur avaient assurés, le Direc-

---

(1) Ce prélat était mort le 2 juin 1299, et la translation de son cœur n'eut lieu que le 12 juillet suivant; cela semblerait indiquer qu'il fut rapporté de loin; peut-être le prince était-il mort à Orléans, et y avait-il reçu la sépulture.

L'Obituaire de Beaupré mentionne son anniversaire au mois de juillet en ces termes:

« Obiit Mess' Ferry evêcq dorlien filz de Fridric duc de Lorraine lequel est enseueliz (*) deuant le grand alter. »

Il ne parle pas du duc lui-même; il est vrai que le mois de janvier manque au manuscrit.

(*) Ce texte paraîtrait s'appliquer au *corps* même du prince, et non plus seulement au *cœur* désigné par l'épitaphe; ce ne peut être qu'une erreur de rédaction.

toire du District de Nancy, composé en majeure partie
d'hommes modérés, et présidé par M. de Vigneron de
Lozanne, ci-devant conseiller au Parlement(1), s'occupa
d'assurer « *l'inviolabité des cendres des morts et surtout de celles des princes de la Maison de Lorraine (2)*».
De concert avec les commissaires impériaux, il prépara
le transfert, au caveau ducal du *« ci-devant couvent
des Cordeliers, »* des augustes dépouilles reposant en
divers lieux ; on croyait ainsi leur assurer le dernier
sommeil dans une demeure désormais inviolable, et
placée sous la sauvegarde de traités internationaux.

Le 2 mai 1792, M. Renaut, l'un des administrateurs
du district, se transporta à Beaupré avec l'abbé de
Rulle, l'un des commissaires impériaux, et les sieurs
Simonin, chirurgien-juré, Lyonnois · Mique, et fit
exhumer de l'église les restes princiers qui s'y trou-
vèrent. Le procès-verbal, dressé en cette circonstance,
et rapporté par l'abbé Guillaume, donne la description
des monuments et le texte des inscriptions, en ce qui
concerne le duc Ferry III dont nous nous occupons ici,
comme pour les autres princes dont nous allons parler.
Mais les cendres pieusement recueillies à Beaupré ne
purent être réunies à celles de la chapelle ducale, déjà
dévastée et violée comme l'église des Cordeliers y
attenante. On les déposa derrière le maître-autel de
Saint-Evre, en attendant des temps plus heureux. On
ne se doutait guère que, par la force inéluctable des
choses révolutionnaires, le clergé ordinaire allait être
supprimé et proscrit comme les congrégations elles-

(1) Claude-Antoine, fils du feu président Nicolas-Louis.

(2) Abbé Guillaume, *les Cordeliers.*

— 42 —

mêmes, et ses Eglises profanées et fermées à leur tour. Heureusement d'honorables citoyens purent soustraire à la profanation les précieux restes déposés à Saint-Evre (1); c'est ainsi que ceux de Ferry III et le cœur de son fils, avec les cendres de Ferry IV et de Raoul, purent être réintégrés à la chapelle ducale lors de la cérémonie expiatoire de 1826.

### Enfants du duc Ferry III.

Outre le cœur de l'évêque d'Orléans, l'abbaye de Beaupré avait reçu le dépôt des dépouilles mortelles de trois autres enfants du duc Ferry III.

Le témoignage du P. Benoît Picart et l'obituaire de Beaupré confirment sur ce point les indications de nos manuscrits de Saint-Dié. Ces princes sont :

1. Mathieu, sire de Plombières et de Belrouart, époux d'Alix de Bar, mort sans postérité le 8 août 1295, noyé, dit-on, dans un étang. L'obituaire le mentionne en ces termes :

« *Obiit* Mathieu filz Ferry duc de Lorraine, et gendre du comte de Bar. »

2. Ferry ou Frédéric, sire de Plombières après son frère, seigneur aussi de Brémoncourt et d'Einvaux, mort le 8 octobre 1312 (2). Il avait été d'abord grand-prévôt de Saint-Dié; c'est ce qui l'a fait confondre par M. Digot avec son frère l'évêque d'Orléans. Il forma une branche, dite de Brémoncourt, éteinte à la 3e ou 4e génération, dont l'abbé de Senones a donné une

(1) Voir, dans la brochure de M. de Villeneuve-Bargemont, la lettre et la déposition du docteur Simonin; voir aussi *les Cordeliers*, p. 282.

(2) Benoît Picart.

généalogie dans son *Histoire de Lorraine,* avec le défaut de clarté et d'exactitude qui caractérisent tous les travaux généalogiques du fameux Bénédictin. Ce prince était inhumé au cloître près de Marguerite de Blâmont, son épouse (1), décédée le 3 septembre 1310, et rappelée ainsi dans l'obituaire :

« *Obiit* dame Marguerite femme Messire Fridric de Brémoncourt, chevalier. »

3. Jean, comte de Toul, tige de la 2ᵉ Maison des comtes de Toul, seigneurs de Charmes et de Fontenoy-en-Vôge, mort le 3 septembre 1306 (2). L'inscription, que nous avons rapportée d'après nos manuscrits, fait connaître qu'il avait sa sépulture au cloître, « à l'entrée du Chapitre. » L'obituaire ne le mentionne pas.

Les commissaires de 1792 ne se sont pas occupés de ces sépultures, soit qu'ils n'eussent opéré que dans l'église sans faire de recherches dans le cloître, soit que les monuments ou pierres tombales dudit cloître eussent disparu, détruits ou effacés par le temps ou par les dévastations révolutionnaires récentes. Peut-être encore n'avaient-ils mission de s'occuper que des personnages ayant régné. Les cendres des princes et de la princesse que nous venons de mentionner ont donc dû rester sur place.

## LE DUC THIÉBAUT II.

Ce prince, mort à Nancy en 1312, le 13 février suivant Benoît Picart, le 13 mai d'après Dom Calmet et Digot, à l'âge de 50 ans, avait fait, les 24 avril et 2 mai 1311 ou 1312, un testament, par lequel

(1) Benoît Picart.

(2) Ibid., p. 307.

il élisait sa sépulture à Beaupré, et demandait qu'il lui soit élevé un tombeau de la valeur de cent livres tournois, dans une chapelle de l'église, où des messes seraient célébrées pour lui et ses ancêtres ; il donnait en revanche au monastère une somme de cinq cents livres, ses palefrois et son lit (1). Marguerite de Lorraine, comtesse de Chiny, dans une donation faite par elle à l'église de Saint-Dié en 1341, rappelle que le duc Thiébaut, son père, avait été inhumé à Beaupré ; et Isabeau de Lorraine, dame d'Ancerville et Gerbévillers, épouse du sire de Réchicourt, fonde en 1346 une messe à l'église de Beaupré, à l'autel placé *entre le tombeau du duc Thiébaut, son père, et celui de Burnick de Riste* (2).

Voilà trois faits bien précis qui semblent établir d'une manière certaine que le duc Thiébaut reposait à Beaupré.

Mais d'un autre côté, le *Voyage littéraire* (on dirait aujourd'hui archéologique) *de deux Bénédictins*, (Dom Martenne et Dom Ruinart), publié à Amsterdam en 1730, affirme de la manière la plus formelle que le duc Thiébaut est inhumé dans l'église de l'abbaye de Bonnefontaine en Thiérache, sous un tombeau élevé, entre les chapelles Saint-Jean et Saint-Benoît, ainsi que son

----

(1) Ibid., p. 320. — Digot. — D. Calmet, t. III.

(2) Benoît Picart, p. 323. — C'est devant cet autel même que la princesse fut, paraît-il, plus tard inhumée. — Les sires de Riste, comme issus des comtes de Lunéville, fondateurs de Beaupré, avaient leur sépulture à l'abbaye ; l'obituaire mentionne en juillet l'anniversaire de « Mesire Burnique, sgr de Riste, chevalier, et de Jeanne de Blâmont, sa femme, » et en décembre, celui de « dame Soffie de Rist. »

« premier fils, *Frédéric*, seigneur de Rumigny, Marti-
gny, Aubenton et Boves, *duc de Lorraine*, mort le
30 avril 1320. »

C'est sur ce texte si formel, conforme d'ailleurs à
l'opinion exprimée dans l'histoire manuscrite du
P. Vincent, que se sont appuyés tous les historiens qui
ont admis que Thiébaut II avait sa tombe à Bonnefontaine, M. de Villeneuve, les commissaires à la réintégration de 1826, l'abbé Guillaume, etc., (1). Toutefois,
quelque précis que soit le dire des deux Bénédictins, il
ne saurait être accepté sans examen, et il faut toujours
se tenir un peu garde contre les renseignements
recueillis à la hâte par ces savants voyageurs. Si leur
œuvre renferme des notions précises qu'on ne trouve-
rait nulle part ailleurs, elle contient aussi nombre
d'erreurs, des inscriptions tronquées, des dates fau-
tives. Il importe donc d'en discuter les assertions.

On sait que le duc Thiébaut II avait épousé Isabelle
de Rumigny, héritière de cette riche et puissante maison de l'Ardenne française, dont les possessions féo-
dales couvraient toute cette petite contrée de la Thiérache, située entre la Champagne proprement dite et la
Picardie. Les sires de Rumigny y avaient fondé, dès le
milieu du xiie siècle, près de Signy-l'Abbaye et de
Rumigny, le monastère de Bonnefontaine, qu'ils avaient
affecté à la sépulture de leur maison (2). Hugues, sire

(1) Ruyr ne croit pas le duc à Beaupré; Benoît Picart
relate les preuves pour et contre sans se prononcer; Bégin
indique aussi les deux localités sans conclure; Digot semble
pencher pour Beaupré.

(2) Les deux Bénédictins donnent une généalogie assez
confuse de cette maison.

de Rumigny, Florines, Boves, etc., père de la duchesse de Lorraine, y avait été inhumé en 1270 près de ses ancêtres. Il n'y aurait rien d'invraisemblable à ce que le duc Thiébaut eut pris place dans les demeures funèbres de la famille de sa femme, s'il était mort sur les terres de celle-ci. Mais pourquoi ce prince, que les anciens chroniqueurs et les manuscrits de Saint-Dié font mourir à Florence, et qui, selon toute apparence, s'est éteint à Nancy, aurait-il été transporté si loin de ses Etats? C'est un fait dont on ne connaîtrait d'exemple pour aucun duc de Lorraine. Il est à remarquer en outre que Dom Martenne et Dom Ruinart indiquent l'année 1317 comme date du décès, tandis que tous les historiens s'accordent sur la date de 1312. Enfin qu'est-ce que ce *duc* Frédéric (ou Ferry) (1), premier-né de Thiébaut II, qui meurt en 1320, et qu'aucun auteur ne mentionne? Ayant survécu plusieurs années à son père, il aurait donc régné? Or on ne connaît au duc Thiébaut d'autre successeur que son fils Ferry IV. On peut bien admettre qu'un premier-né d'Isabelle de Rumigny, qui aurait porté les titres de sa famille maternelle, — comme Ferry IV le fit lui-même avant son avènement (2), — soit mort dans les domaines de celle-ci, et ait reçu la sépulture à Bonnefontaine : mais ce ne pourrait être qu'avant le décès de son père, et il n'aurait pas été désigné sous le titre de *duc de Lorraine;* autrement, il s'agirait de Ferry IV lui-même, et il est constant que ce dernier reposait à Beaupré. Cependant,

(1) On sait que ce ne sont là que deux formes du même nom.

(2) Ferry IV porta en effet, avant de monter sur le trône, le nom de Seigneur de Florines, puis celui de Sire de Rumigny à la mort de sont aïeul maternel.

si l'on rapproche la date connue du décès de Ferry IV,
— 20 ou 21 avril 1329, — de celle assignée par les deux
Bénédictins au trépas de leur Frédéric, — 20 avril
1320, — et si l'on suppose que ces religieux ont commis
sur le dernier chiffre du millésime une erreur de lecture très-fréquente, (un zéro pour un neuf), on ne sera
pas éloigné de penser que l'inscription qu'ils rapportent
s'appliquait peut-être à la personne même du duc
Ferry IV. Dès lors, d'après ces inscriptions, les caveaux
de Bonnefontaine auraient renfermé et Thiébaut II et
Ferry IV, ce qui est inadmissible.

De ces observations, il faut conclure que les deux
visiteurs de Bonnefontaine ont fait quelque confusion,
ou commis quelque erreur. Peut-être ont-ils pris pour
des épitaphes de simples inscriptions commémoratives,
élevées en l'honneur de souverains, de l'alliance desquels de hauts barons féodaux eux-mêmes avaient le
droit de s'enorgueillir ; il y a d'assez fréquents exemples
d'inscriptions d'honneur analogues, — *ad memoriam.*
En tout cas la description, exacte ou non, du *voyage* ne
saurait prévaloir contre la teneur du testament de Thiébaut, ni surtout contre les affirmations des deux actes
authentiques de 1341 et 1346, émanés des filles mêmes
de ce prince.

Une dernière preuve, plus convaincante encore,
devra mettre tout à fait hors de doute la présence
du corps de Thiébaut II dans les caveaux de Beaupré. On
se rappelle que la lettre du frère Arsène assurait qu'il
était de tradition certaine dans l'abbaye que Thiébaut II
et Ferry IV, son fils, étaient réunis dans le même tombeau, et que les notes manuscrites de Dom Calmet,
ci-dessus reproduites, étaient conçues dans le même

sens. C'est ce sentiment que ce dernier a exprimé (1)
au tome III de l'*Histoire de Lorraine* (2), avec les
preuves à l'appui, tout en relatant cependant d'après
le P. Duchesne (3), le « tombeau élevé » de l'Eglise de
Bonnefontaine. Il a donné en outre, au même tome, la
gravure du tombeau commun des deux princes, avec
leurs deux statues couchées côte à côte ; au-dessous de
cette gravure, on lit la légende suivante :

« *Tombeau commun des ducs Thiébaut II et Ferry IV
existant au collatéral gauche de l'église de Beaupré.* »

C'était un mausolée en pierre, à sculptures gothiques,
placé contre le sanctuaire comme celui de Ferry III,
qui faisait le pendant de l'autre côté du chœur ; sur les
faces du monument, dans des niches sculptées, on
voyait douze figures en pleurs ; sur le dessus du sar-
cophage, les deux princes en longues robes et en couronne : à leur tête deux génies, à leurs pieds deux
lions (4). Le caveau, situé au-desous, avait sept pieds
de longueur sur trois de largeur.

Or, lors des fouilles et exhumations du 2 mai 1792,
on trouva bien deux corps dans ce caveau, le procès-
verbal en fait foi. Seulement, les commissaires, trompés sans doute par l'inscription encadrée attachée au
pilastre voisin, et peut-être aussi par les robes des

(1) C'était aussi l'opinion de Mory d'Elvange, manuscrit
cité, et de Durival, *Description de la Lorraine ;* M. Digot a
aussi adopté cet avis.

(2) P. 248.

(3) *Hist. de la maison de Châtillon*, p. 207. Voy. aussi
Vignier, p. 252. — D. Calmet ne connaissait pas le *Voyage
des deux Bénédictins ;* il ne cite que Duchesne.

(4) Description tirée du procès-verbal du 2 mai 1792.

statues, crurent voir en ces deux squelettes les restes de Ferry IV et d'Isabelle d'Autriche, son épouse, et les mentionnèrent comme tels dans leur rapport. Si donc, comme on le montrera tout à l'heure, il est aujourd'hui hors de doute que la duchesse Isabelle n'a jamais reposé à Beaupré, il faut absolument admettre que l'un des corps était celui de Thiébaut II.

C'est donc à tort que la liste de 1826 n'a pas compris les restes de ce prince parmi ceux exhumés de Beaupré, et que l'abbé Guillaume, dans la nomenclature de ses *Cordeliers*, les a rayés du nombre de ceux qui reposent aujourd'hui, du moins en partie, dans les caveaux de la chapelle ducale.

Ajoutons que l'obituaire de Beaupré mentionnait, pour le mois de juin, les services anniversaires du duc Thiébaut II, qui, disait-il, avait confirmé les dons de ses ancêtres.

Quant à la duchesse Isabelle ou Élisabeth de Rumigny, veuve de ce prince (1), le lieu de sa sépulture est encore plus indécis que ne pouvait l'être jusqu'ici la dernière demeure de son époux. On sait que, remariée au connétable Gaucher de Châtillon, comte de

______

(1) Nous ne parlerons pas de l'épouse imaginaire, Catherine de Flandres, que nos mauuscrits attribuent à Thiébaut. Les moines de Beaupré avaient sans doute été induits en erreur par la connaissance confuse qu'ils avaient de l'existence bien réelle d'une princesse de Flandres, Mathilde, fille de Robert de Béthune, comte de Flandres, mariée en 1311 à un fils du duc Thiébaut, Mathieu, seigneur de Florines, Taintrux, etc. Peut-être cette princesse avait elle été inhumée à Beaupré, c'est ce qui aurait amené cette confusion.

Porcéan, elle suivit ce seigneur à la cour de France et dans ses divers domaines, qu'elle habita avec lui Neufchâteau son douaire, où ils battirent monnaie ensemble, et qu'elle mourut, probablement à Paris, en 1325 suivant Foucault, en 1326 suivant Digot. Mory d'Elvange suppose qu'elle y fut enterrée, tandis que M. de Foucault croit qu'elle fut transportée à Beaupré. Cette dernière assertion qu'il a été seul à émettre, et dont il ne donne aucune preuve, n'est guère vraisemblable (1).

Il est plus probable, comme le pensent Benoît Picart, Villeneuve et autres (2), qu'elle reposait à l'abbaye de Pont-aux-Dames, près Meaux, ordre de Citeaux, sépulture habituelle de la maison de Châtillon, qui avait fondé ce monastère en 1226. Dom Martenne et Dom Ruinart, qui ont visité cette abbaye, et en ont décrit les tombes royales, ne parlent ni des Châtillon ni d'Isabelle.

Peut-être encore, au lieu d'être réunie à la famille de son second mari, cette princesse a-t-elle pu être inhumée à Bonnefontaine près de ses ancêtres propres; et alors son épitaphe, qui aurait nécessairement mentionné le duc Thiébaut, son premier époux, et peut-être même le duc Ferry, son fils, aurait été la cause de l'erreur réfutée plus haut. Ce serait Isabelle seule qui aurait reposé, « sous un tombeau élevé », dans la nécropole des Rumigny. Si nous osions nous prononcer

(1) D. Calmet ne parle pas de la sépulture de cette princesse. L'obituaire de Beaupré ne mentionne pas son nom. Le rapport de 1792 est muet à son égard. La liste insérée au procès-verbal de 1826, laisse douteuse la question de la sépulture.

(2) Voir le P. Duchesne, maison de Châtillon.

sans preuves plus certaines, c'est vers cette opinion que nous nous inclinerions.

### LE DUC FERRY IV, LE LUTTEUR.

Ce valeureux prince, tué ou blessé mortellement à la bataille de Cassel, dans les rangs de l'armée française, le 23 août 1328, fut inhumé à Beaupré le 21 avril 1329; soit qu'il ait succombé seulement à ses blessures, à Nancy, vers cette époque (1), soit qu'étant mort en Flandre, son corps ait été déposé pendant quelque temps dans une église ou un monastère du pays (2), avant d'être ramené en Lorraine.

Nous avons donné à l'article précédent la description du tombeau sous lequel il reposait avec son père Thiébaut II. Ses cendres exhumées de Beaupré en 1792, et sauvées des profanations révolutionnaires comme nous l'avons dit plus haut, sont aujourd'hui déposées à la chapelle ducale.

Nous n'avons pas trouvé mention de ce prince dans ce qui nous reste de l'obituaire de Beaupré. Cependant D. Calmet assure (3) que le *nécrologe* de l'abbaye indique sa mort au 21 avril 1329, et il fait, avec raison, remarquer qu'il ne peut s'agir que de la date de

(1) Champier, Wassebourg.

(2) Sainte-Marthe, Baleicourt, Benoît Picart, D. Calmet. — Tous s'accordent d'ailleurs sur l'inhumation à Beaupré. Voir aussi Ruyr, — Benoît Picart, p. 232, — Durival, — Bégin, etc.

(3) T. III, p. 269.

l'inhumation. Ce *nécrologe* n'est pas parvenu jusqu'à nous (1).

Arrivons à l'examen de la question restée si longtemps indécise, — en Lorraine du moins, — de la sépulture de la duchesse Isabelle ou Élisabeth d'Autriche, veuve de Ferry IV.

On sait que cette princesse était la fille de l'empereur Albert I<sup>er</sup>, la sœur de l'empereur Frédéric III, la petite-fille de l'empereur Rodolphe de Habsbourg, qu'elle se maria en 1301, et qu'elle fut régente pendant la minorité du duc Raoul, son fils. Mais on n'a pas de détails sur sa vie, et les différents historiens sont aussi peu d'accord touchant le lieu et la date de sa mort, qu'en ce qui concerne l'emplacement de sa sépulture. Vignier et Dom Calmet la font mourir en 1340 (2); c'est une simple

(1) Il faut bien se garder de confondre, comme on le fait trop souvent, un *obituaire* avec un *nécrologe*. Ce dernier indique les décès avec leur date et la mention du lieu de la sépulture; le premier, dressé ordinairement sous forme de calendrier, se borne à rappeler les fondations d'*obit*, c'est-à-dire de services anniversaires à célébrer à tel ou tel jour de l'année, pour tel ou tel personnage; ce n'est qu'une sorte de *memento* des obligations à remplir par le couvent pour chaque quantième. Si donc l'*obituaire* nous peut quelquefois fournir une indication précieuse pour la date du jour et du mois d'un décès, — (et encore ce n'est pas toujours vrai, car l'*obit* ne se célébrait pas nécessairement au jour anniversaire de la mort,) — il ne saurait presque jamais nous en donner l'année.

Les *nécrologes* sont fort rares; les *obituaires* se rencontrent plus facilement, car ces derniers étaient de vrai *livres de créances*, qu'on devait tenir à conserver consciencieusement.

(2) Cette date est adoptée à tort dans la nomenclature annexée au procès-verbal de la cérémonie expiatoire du 9 novembre 1826.

présomption de leur part : ils ont supposé sans aucune preuve que sa mort avait suivi de près la rédaction de son testament, daté de la fin de cette année 1340 (1). Benoît Picart indique et l'église Saint-Georges et la date du 19 décembre 1352; ce serait, pour le jour et le mois, la même que celle du testament, ce qui peut faire croire à une confusion commise par cet auteur, d'ordinaire si exact. La même année 1352 se trouve dans Moréri. Lionnois (2) prolonge jusqu'en 1353 l'existence de la duchesse, et la croit inhumée à Saint-Georges. Mory d'Elvange adopte cette date, conforme, d'ailleurs, comme ou le verra, à celle inscrite sur le véritable tombeau de la princesse; mais il indique tantôt Beaupré, tantôt Kœnigsfeld comme lieu de sépulture. M. Digot se prononce pour l'année 1341, et pour Saint-Georges, sans s'appuyer d'aucune preuve. On trouve encore mentionnée dans certains auteurs la date de 1342, et d'autres affirment qu'Isabelle mourut et fut inhumée à Saint-Dié, qui faisait partie de son douaire, et où elle résidait souvent. Enfin on a vu que le cadre-notice, suspendu près du tombeau de Ferry IV, et supposant sa veuve ensevelie à Beaupré, portait la date du 19 mai 1352.

Comment reconnaître la vérité au milieu de toutes ces divergences, et en l'absence de *preuves* authen-

---

(1) Ce qui n'empêche pas Dom Calmet, avec son inconséquence ordinaire, de montrer un peu plus loin, dans le récit du règne de Raoul, la princesse mêlée à des différends avec l'évêque de Metz au sujet du château d'Amelécourt près Château-Salins, 1342-1346; elle vivait donc encore en cette dernière année, puisqu'elle fit un traité avec le prélat.

(2) *Nancy, Ville-Vieille.*

liques suffisantes? Nous avons vainement cherché dans le splendide monument bibliographique et iconographique, connu sous le nom de *généalogie diplomatique de la Maison de Habsbourg* (1), quelque notion certaine sur notre Isabelle; ce magnifique ouvrage, en vertu sans doute de sa dédaigneuse déclaration à l'égard des filles: « *feminœam prolem indicare nostri non est instituti,* » se borne à la citer au nombre des enfants de l'empereur Albert.

Il ne nous reste donc qu'un seul document authentique touchant cette princesse: c'est son testament rapporté par Vignier (2), et cité par Dom Calmet (3). Or, par cet acte, en date du 19 décembre 1340, la duchesse choisit sa sépulture à la collégiale de Saint-Georges de Nancy, fondée ou agrandie par le duc Raoul, son fils, en 1339, et donne à ladite église quarante écus d'or pour la rémission de ses péchés. Elle avait elle-même beaucoup contribué à sa fondation, et l'avait enrichie des reliques de saint Georges données par le pape à la maison de Habsbourg (4). Par le même testament, elle faisait divers legs à plusieurs monastères et prieurés de Lorraine, et « *à l'abbaye de Kœnigsfeld près Bruck, où le roi Albert, son père, reposait.* »

Le vœu de la princesse fut-il rempli, et fut-elle, suivant le désir de son testament, inhumée à Saint-Georges. La négative n'est pas douteuse.

(1) *Genealogica diplomatica Augustæ gentis Habsburgicæ;* Vienne, 1737 (Texte latin.)

(2) P. 158.

(3) T. III, p. 270.

(4) Benoît Picart; Lepage, *Collégiale de Saint-George.*

Lorsque le duc Léopold fit mutiler la fameuse collégiale en 1717 pour l'agrandissement du palais neuf, puis lorsque le roi Stanislas, en 1743, en fit achever la destruction complète, on exhuma, pour les transporter aux Cordeliers, toutes les dépouilles ducales qui s'y trouvaient, et des procès-verbaux de ces exhumations et translations furent dressés par les commissaires ducaux (1) ou impériaux (2). Aucun de ces actes, qui nous ont été conservés (3), ne fait mention d'Isabelle d'Autriche, ce qui prouve qu'elle n'était pas à Saint-Georges. Cependant, par une singulière erreur, l'inscription latine placée sur le premier cénotaphe à gauche, dans l'ancienne chapelle ducale telle qu'elle était avant la Révolution (4), comprenait la duchesse au nombre des

(1) Messieurs du chapitre et l'abbé de Philbert, aumônier de S. A. R. et écolâtre. Voir le procès-verbal dressé le 15 juin 1717, et rapporté dans *la Collégiale de Saint-George*, de Lepage. A vrai dire les dépouilles ducales trouvées dans le chœur, seul frappé alors de démolition, furent transportées dans les caveaux de la nef, d'où elles furent seulement transférées aux Cordeliers avec toutes les autres en 1743.

(2) MM. de Charvet de Vaudrecourt, ancien conseiller à la Cour, intendant du duc Charles-Alexandre, le prélat comte de Bouzey, grand-doyen de la primatiale, le baron de Willemin de Heidenfeld, ancien grand-maître des cérémonies, rédigèrent le procès-verbal d'exhumation et de translation du 4 février 1743.

(3) Tous deux sont conservés aux archives de la Meurthe. Le dernier est reproduit *in extenso* dans Lionnois, p. 103, et cité dans *la Collégiale Saint-George*, de Lepage, ainsi que dans *les Cordeliers*, de l'abbé Guillaume.

(4) Description officielle de la chapelle ducale et de son caveau, adressée à l'Empereur par ses commissaires en Lor-

hôtes de ce tombeau rapportés de Saint-Georges; en voici la traduction :

« A Isabelle d'Autriche, épouse de Frédéric IV, duc
« de Lorraine et Marchis. — Environnée de l'éclat du
« trône, elle embellit son existence bien plus encore
« par les vertus les plus chrétiennes. — Elle entra
dans la voie de toute chair l'an MCCCLII. »

Mais l'erreur avait été promptement reconnue, car une note de Mory d'Elvange citée par l'abbé Guillaume (1), s'exprime ainsi: « il y a erreur dans l'ins-
» cription gravée sur le premier des tombeaux.....
» 1° Isabelle d'Autriche est à Beaupré (2); 2° elle n'est
» et n'a jamais été dans le caveau; 3° le procès-verbal
» de l'exhumation des corps à Saint-Georges, du 4
» février 1743, n'en fait aucune mention. Depuis que
» j'ai eu l'honneur d'envoyer les inscriptions présentes
» à S. A. R., j'ai eu en main une lettre originale (3), de
» M. Charvet, intendant de S. A. R., qui relève expres-

raine (*), en 1762 (l'abbé Guillaume). La chapelle avait été aménagée et décorée de ses tombeaux en 1744.

(1) *Les Cordeliers*, note 107.

(2) M. de Mory reconnut plus tard que la duchesse avait été enterrée à Kœnigsfeld, et adopta cette opinion dans son travail de 1791.

(3) Du 26 février 1744.

(*) Le premier président comte du Rouvrois, chef de la Commission impériale, le conseiller de Châteaufort, MM. Pierre sr de Sivry, chargé de la procuration générale de l'Empereur, et François, trésorier de S. M. en Lorraine.

» sément cette erreur, et ordonne qu'on la recti-
» fie » (1).

A la description des tombeaux de la chapelle envoyée à l'empereur en 1762, était annexée la description correspondante du caveau, avec l'inventaire des cercueils et leurs inscriptions: aucune ne s'appliquait à Isabelle d'Autriche.

Ce ne peut donc être que sur la foi du testament de la princesse que Lionnois, et Lepage d'après lui, ont pu dire qu'Isabelle, « mère de Raoul, morte en 1353, » avait reçu la sépulture à Saint-Georges. Mais ils ont soin d'ajouter que « son corps fut, dit-on, *transféré à l'abbaye de Kœnigsfeld, de l'ordre de Sainte-Claire, dans le diocèse de Constance.* »

Toutefois Durival affirme, sans fournir d'ailleurs aucune preuve, et bien que le procès-verbal du 4 février 1743 soit complétement muet à cet égard, qu'on trouva en 1743 à Saint-George une urne renfermant les cendres d'Isabelle d'Autriche. Cette urne aurait pu, tout au plus, contenir le cœur de la princesse, qui aurait été envoyé d'Allemagne pour satisfaire, au moins en partie, au vœu de son testament; c'est ce que fait remarquer judicieusement M. de Villeneuve. Quoiqu'il en soit, si cette urne cinéraire a jamais existé à Saint-Georges, on en a perdu toute trace, aucun document ne la mentionne, et on ne sait ce qu'elle est devenue.

(1) La rectification n'était pas faite au moment de la Révolution; elle a été opérée sur les nouveaux mausolées.

La duchesse Isabelle se trouvait ainsi avoir simultanément trois épitaphes funéraires en trois lieux différents, aux Cordeliers, à Beaupré et à Kœnigsfeld, comme si sa dépouille mortelle eût eu le don d'ubiquité.

Si la fille des Césars de Germanie n'était pas à Saint-
Georges, avait-elle été davantage « ensépulturée à
Beaupré avec son mari », comme le veulent nos manuscrits et certains auteurs que nous avons cités. D. Calmet, qui ne recule devant aucune contradiction avec
lui-même, n'hésite pas à écrire, au sujet d'Isabelle, le
passage suivant, tôme III, page 270: « la duchesse
» Isabelle d'Autriche... fut enterrée, non dans l'église
» collégiale de Saint-Georges de Nancy, où elle avait
» choisi sa sépulture, et à qui elle donna quarante écus
» d'or pour la rémission de ses péchés, mais dans l'ab-
» baye de Beaupré près du duc son mari. Les os qui se
» sont trouvés dans son sépulcre, les figures qui se
» voient dans l'église de Beaupré, les inscriptions le
» prouvent suffisamment, comme l'écrit M. Charvet,
» intendant de Mgr le prince Charles, qui a été présent
» à la découverte des corps des princes inhumés dans
» le sanctuaire de Beaupré (1), par sa lettre du 2 mai
» 1746. »

Ces nouvelles assertions de D. Calmet sont en complet désaccord, non-seulement avec les renseignements
si précis recueillis par lui sur place à Beaupré, et con-
signés dans ses manuscrits, mais encore avec les énon-

---

(1) Une reconnaissance des tombes ducales de Beaupré
avait été faite en 1745 par les ordres de la maison de Lorraine (*). En cette circonstance, comme en 1702, les explo-
rateurs, trompés par une inscription mensongère, crurent
trouver la princesse autrichienne à côté de son mari, tandis
que les ossements rencontrés étaient ceux du père de ce
dernier.

(*) Voir plus loin à l'article du duc Raoul.

ciations imprimées précédemment dans son histoire de Lorraine. Ne disait-il pas en effet, à la page 248 du même tôme III, et en citant les titres de 1311 et 1316 émanés des filles de Thiébaut II, pour établir que ce prince avait été inhumé à Beaupré dans un tombeau où son fils Ferry IV devait plus tard le rejoindre : « Personne n'en pouvait être mieux informé que ces princesses ? » N'avait-il pas donné le dessin du monument commun aux deux princes, surmonté de leurs statues, et n'était-ce pas là un témoignage matériel suffisant ?

On ne trouva en effet, soit en 1745, soit en 1792, que les restes de deux corps sous le mausolée de Ferry IV. Dès lors, comme il est certain que l'un de ces corps était celui de Thiébaut II, il est impossible que celui d'Isabelle s'y trouvât.

C'est un fait historique aujourd'hui hors de doute que cette fille des empereurs a reçu la sépulture à l'abbaye de Kœnigsfeld en Argovie, près de ses royaux parents, au centre des états héréditaires primitifs de la maison de Habsbourg. Tous les touristes de Suisse, tous les baigneurs ou buveurs d'eau de Baden en Argovie ou de Schinznach, connaissent cette petite partie de l'Aargau arrosée par la Limmat, et dominée par la montagne où se dresse encore fièrement la *burg* ruinée des vieux Habsbourg. C'est là, non loin de la petite ville de Brugg, presque au pied de la Habsbourg même, que l'Empereur Albert fut assassiné par son neveu, Jean d'Autriche, duc de Souabe ; sur le lieu même du crime, Elisabeth de Carinthie, veuve de l'empereur, et Agnès, reine de Hongrie, sa fille, élevèrent en 1310 l'abbaye de Kœnigsfeld (champ du roi), où elles finirent leurs jours, et où elles reçurent la sépulture près de l'auguste victime. C'est là, au milieu des siens, que la duchesse de Lorraine, dormait son dernier sommeil. Un peu isolée peut-être en Lorraine après la mort de son mari et de son fils, éloignée des affaires pendant la minorité du duc Jean, son petit-fils, et la régence de Marie de Blois, sa belle-fille, elle était revenue en Allemagne pour y chercher les affections de sa famille et se rapprocher de son berceau; elle y trouva sa tombe.

Les épitaphes de Kœnigsfeld sont reproduites dans Sigismond de Bircken, (*Osterreich Spiegel*, Livre III), et celle d'Isabelle y figure.

Dom Fangé, dans son voyage en Suisse, *(Diarium helveticum)*, rapporte les lignes consacrées à la duchesse dans l'épitaphe générale des hôtes impériaux des caveaux de l'abbaye;

« DNA ELISABETHA QUONDAM DUCISSA LOTHARING., FILIA
» ILLUST<sup>mi</sup> PRINCIPIS ALBERTI REGIS, ANNO DOMINI 1353, IN
» DIE S. POTENTIANÆ. »

L'abbé Guillaume reconnaît, dans l'avant-dernier chapitre de ses Cordeliers, qu'Isabelle d'Autriche « fut ensevelie dans le monastère de Kœnigsfeld, au diocèse de Bâle (lisez de Constance), où son corps fut retrouvé avec neuf autres cercueils en 1755. »

L'abbaye de Kœnigsfeld fut sécularisée en 1528 et transformée en hôpital. Mais on respecta pieusement, dans l'église soigneusement entretenue, tous les tombeaux des princes et seigneurs qui s'y trouvaient. Plus tard, la maison d'Autriche n'ayant plus aucune possession dans cette partie de la Suisse, l'impératrice Marie-Thérèse, vers 1770, fit exhumer et transporter à l'abbaye de Saint-Blaise, en Souabe, alors dans les états héréditaires, les restes de tous les membres de la famille impériale, au nombre de 17, qui se trouvaient à Kœnigsfeld. Ces cendres ont été depuis transférées au monastère de Saint-Paul en Carinthie. C'est donc là que doit reposer aujourd'hui notre duchesse de Lorraine.

Mais les anciennes inscriptions furent conservées aux voûtes de l'Eglise de Kœnigsfeld, on les restaura même, et elles s'y lisent encore aujourd'hui. Alexandre Dumas, dans son voyage en Suisse en 1831, a donné un récit pittoresque de sa visite à Kœnigsfeld ; et sans vouloir faire du brillant romancier une autorité historique, nous ne pouvons résister au plaisir de citer sa description si saisissante, d'autant plus qu'elle est conforme, presque en tout point, à la vérité et à l'histoire ; ce sera comme la conclusion de ce trop long article consacré à Isabelle :

« C'est sur l'emplacement même où expira l'empereur
» Albert, qu'Agnés de Hongrie, sa fille, éleva le couvent de
» Kœnigsfeld. A l'endroit où pose l'autel s'élevait le chêne
» contre lequel l'empereur assis s'adossait, lorsque Jean de
» Souabe, son neveu, lui perça la gorge d'un coup de lance.
» Agnès fit déraciner l'arbre, tout teint qu'il était du sang
» de son père, et elle en fit faire un coffre, dans lequel elle
» enferma les habits de deuil qu'elle jura de porter tout le
» reste de sa vie.

» Tout à l'entour du chœur sont les portraits de vingt-sept
» chevaliers à genoux et priant. Ce sont les chevaliers tués
» à la bataille de Sempach (1). Parmi eux, le buste du duc
» Léopold, qui voulut mourir avec eux. Ce chœur, éclairé

(1) En 1386.

» par onze fenêtres, dont les vitraux coloriés sont des mer-
» veilles de la fin du xv⁰ siècle, est séparé de l'Eglise par
» une cloison ; on passe de l'un dans l'autre, et l'on se
» trouve au pied du tombeau de l'empereur Albert ; il est
» de forme carrée, entouré d'une balustrade en bois peint,
» aux quatre coins et aux quatre colonnes de laquelle sont
» appendues les armoiries des membres de la famille impé-
» riale qui dorment auprès de leur chef.

» C'est qu'outre l'empereur Albert, qui a perdu la vie ici,
» cette pierre recouvre, dit l'inscription de la balustrade,
« sa femme, Madame Elisabeth, née à Keindten (1) ; sa fille,
« Madame Agnès, ci-devant reine de Hongrie ; ensuite
» aussi notre seigneur, le duc Léopold (2), qui a été tué à
» Sempach. »

» Autour de ces cadavres impériaux, gisent les reliques
» ducales et princières du duc Léopold le vieux (3), de
» sa femme Catherine de Savoie, de sa fille Catherine de
» Habsbourg (4), du duc de Lutzen, du duc Henny (5),
» et de sa femme Elisabeth de Vernbourg (6), celles du
» duc Frédéric, fils de l'empereur Frédéric de Rome, et de
» son épouse (lisez sa tante) ELISABETH, DUCHESSE DE
» LORRAINE.

» Puis encore, autour de ceux-là, et sous les dalles armo-
» riées qui les couvrent, dorment soixante chevaliers aux
» casques couronnés, tués à la bataille de Sempach.....

(1) Lisez *Kairnthein*, Carinthie; morte en 1313.

(2) Léopold II (petit-fils de l'Empereur Albert), tué à
Sempach en 1386.

(3) Léopold I⁰ʳ (troisième fils de l'Empereur Albert), le
vaincu de Morgarten, mort en 1327.

(4) Epouse d'Enguerrand, sire de Couci.

(5) Septième fils de l'Empereur Albert, mort en 1372.

(6) Lisez *Wurtzbourg.*

»...... Nous passâmes dans le couvent de Sainte-Claire, où
» est située la chambre à coucher, où Agnès entra, le cœur
» plein de jeunesse et de vengeance, à l'âge de vingt-sept
» ans, resta plus d'un demi-siècle à prier, et sortit, comme
» elle le dit elle-même, purgée de toute souillure, pour
» rejoindre son père, à l'âge de quatre-vingt-quatre ans.

»...... Cette cellule resta triste, nue et austère comme
» celle du plus sévère cénobite, tant que l'habita la fille
» d'Albert. Dans un cabinet, au pied du lit, est encore le
» coffre grossier, taillé dans le chêne, où la religieuse
» orpheline serrait ses habits de deuil. En certains endroits
» l'écorce a été respectée. Ce sont ceux qui étaient tachés de
» sang...... »

## Le duc Raoul, le Vaillant

Ce valeureux prince, dont le père avait reçu le coup
mortel dans les rangs de l'armée française à Cassel,
succomba à son tour à Crécy, le 26 août 1326, au premier rang des souverains alliés de la France, et en tête
de la chevalerie française : « Trouvé fut le plus appro-
chié des Angles. »

Par son testament, passé au camp devant Abbeville,
le 25 août, veille de la bataille où il devait trouver la
mort, il avait choisi pour lieu de sa sépulture la collégiale de Saint-George qu'il avait fondée, et avait donné
au chapitre ses trois grands chevaux, *de jodte, de
tournoi et d'armes*, à charge d'une messe quotidienne
de *requiem* (1).

(1) Ce testament est imprimé dans Vignier et D. Calmet,
et cité par Digot, et par Lepage dans *la Collégiale de Saint-
George.*

Mais les caveaux de la collégiale, à peine terminée,
n'étant pas en état de recevoir le corps du prince,
celui-ci, resté quelque temps en dépôt à l'église de
Montreuil en Picardie, fut transporté à Beaupré (1); on
éleva au milieu du chœur un tombeau quadrilatéral,
en marbre noir, orné d'arcatures ogivales, et suppor-
tant la statue couchée du prince. Il était représenté en
robe longue et en manteau, les mains jointes, un lion
aux pieds, et deux génies à la tête. Dom Calmet a donné
au tôme III le dessin de ce monument, et la description
qu'il en a faite dans ses manuscrits, et que nous avons
reproduite, se retrouve dans Digot. Nous avons indiqué
précédemment les diverses *leçons* des inscriptions con-
temporaines en vers et en prose qui y étaient gravées.

Le mausolée, dégradé par le temps et presque détruit
par les ravages des guerres, se trouvait en ruines à la
restauration du duc Léopold. Ce prince le fit pieusement
rétablir avec les anciennes épitaphes, en 1704, et on y
ajouta à cette occasion une inscription latine, dont le
*voyages des deux Bénédictins,* nous donne seul le texte

---

(1) L'obituaire de Beaupré rappelait en ces termes les
services solennels à célébrer en mai pour le duc Raoul:

« *Obit* le duc Raoulz duc de Lorraine, qui fitz à l'eglē de
céans pluss⁰ immēables biens, ent'les aultz nous dōnait les
acquaitz des albez sur les riviēs de Murtz et de Morteine, »

On trouve pour le mois d'août, dans le même obituaire,
cette autre mention:

« Rādūs (Radulphus, Raoul,) dux Lotharingie et Dna Mar-
gareta de Bavio...... eius uxor qui fecerunt nōb multa
bona. »

Comment expliquer cette Marguerite de Bavière, épouse
du duc Raoul, inconnue à tous les historiens?

complet, tout en tronquant outrageusement les vieux vers français :

« Hoc MONUMENTUM, OMNINO DIRUTUM, SUB AUGUS-
» TISSIMO PRINCIPE Leopoldo FELICITER REDUCE AC FELICIUS
» PRO POPULIS IMPERANTE, REPARATUM EST ANNO Domini
» MVCCIV. »

On fit en 1745 l'ouverture du tombeau du duc Raoul, et la reconnaissance de son corps, dans le caveau voûté du milieu du chœur ; on le trouva embaumé, dit Dom Calmet, portant au crâne la trace de la blessure mortelle, et on reconnut qu'il était « d'une taille avantageuse et héroïque. »

Les restes du prince, exhumés en 1792, comme on l'a vu, avec ceux des autres souverains, suivirent le sort de ceux-ci, et reposent depuis 1826 aux Cordeliers.

Aliéonor ou Eléonore de Bar, première femme du duc Raoul, morte à Nancy, très-jeune, en 1332 suivant Digot, le 11 octobre 1333 suivant le P. Vincent, ne paraît pas avoir été inhumée à Beaupré ; elle reposait sans doute, avec ses ancêtres propres, à la collégiale de Saint-Maxe de Bar-le-Duc (1).

Marie de Châtillon, née comtesse de Blois et de Guise, veuve de Raoul, et régente pendant la minorité du duc Jean, son fils, se remaria à Ferry ou Frédéric, comte de Linange, et mourut en 1363. Elle paraît avoir

(1) L'obituaire porte cependant pour le mois de décembre cette mention : « Obiit aliénor duchesse de Lorraine, fille du Cote de Bar »

Suivant Villeneuve, cette princesse aurait été inhumée à Saint-George.

été inhumée à Sturzelbronn (1), malgré l'opinion de Dom Calmet, qui dit en parlant de Raoul : « Sa seconde femme, Marie de Blois, était inhumée près de lui, à Beaupré. » C'était aussi le sentiment du P. Vincent ; mais on n'a pas trouvé de traces de la princesse à Beaupré, lors des fouilles de 1792, et les listes de 1826 et de l'abbé Guillaume ne la comprennent pas parmi les hôtes de la chapelle ducale.

### Isabelle de Lorraine.

Si le duc Raoul fut le dernier souverain descendu dans les caveaux de Beaupré, d'autres membres de la Maison de Lorraine vinrent encore y prendre place après lui. Sa tante, Isabelle de Lorraine, fille du duc Thiébaut II, y fut inhumée le 12 décembre 1353. Elle avait épousé en premières noces Erard de Bar, sire de Pierrepont et d'Ancerville, et en secondes noces Henry, sire de Réchicourt. Dame de Gerbévillers de son chef propre, et d'Ancerville à titre de douaire, elle est toujours désignée sous ces noms à Beaupré et dans les anciens titres. On a vu la fondation qu'elle fit en 1346 ; son tombeau était entre celui de son père et celui de Burnique de Riste (2). L'obituaire consacrait en juin un service à « Isabelle dame d'Ancerville et Gerbévillers. »

### Aubert, batard de Lorraine.

Ce fils naturel de Ferry IV est rappelé dans le testament du duc Raoul son frère, qui lui lègue cent livres

(1) Villeneuve. Boulangé.
(2) Benoît Picart, p. 325.

én terres. Il épousa Alix d'Haraucourt, d'autres disent Alix de Gerbévillers. Il fonda en février 1319 un anniversaire à Beaupré pour lui et son épouse ; Benoît Picart cite cette fondation, mais l'obituaire n'en fait pas mention.

Ce prince survécut longtemps à son frère, mais on ignore la date exacte de sa mort. Il fut inhumé au cloître de Beaupré (1).

---

Dès lors les caveaux de Beaupré ne s'ouvrirent plus pour aucun membre de la Maison de Lorraine. Mais la présence de tant d'augustes dépouilles conserva à l'antique abbaye une auréole de vénération et de grandeur, jusqu'au jour où ces restes illustres ne suffirent plus à la protéger contre le vandalisme révolutionnaire, et où on en chassa jusqu'aux cendres des morts. Beaupré vendu, puis incendié, en 1793, démoli en 1804, n'est plus aujourd'hui, sauf quelques bâtiments de ferme, qu'un monceau de ruines ; les décombres de l'église (2),

(1) Benoît Picart, p. 332, 333.
Les cendres de ces deux derniers personnages ont dû rester sur place.

(2) L'auteur anonyme d'une intéressante note ms qui accompagne le précieux travail de M. de Foucauld, à la bibliothèque de Nancy, affirme avoir encore vu en 1837, au milieu des décombres, les débris des mausolées et les statues presque intactes de Ferry III, Ferry IV et Thiébaut II, qu'on aurait pu sauver alors d'une destruction complète ; et il ajoute que les bustes de ces princes ont été encastrés depuis dans les murailles de la ferme.

de ses monuments et de ses pierres tumulaires, jonchent le sol, pêle-mêle avec des ossements épars arrachés à leurs tombeaux, et si le nom de Beaupré se conserve encore dans la mémoire des hommes, ce n'est que grâce aux glorieux souvenirs des hôtes illustres qu'ont abrités les voûtes funèbres du monastère, et aux grandes Ombres ducales dont le renom plane encore sur les champs « où fut Troie. »

# APPENDICE.

---

## LETTRES

### du baron de Charvet à Dom Calmet au sujet des tombes ducales de Beaupré.

---

L'extrème obligeance de MM. les bibliothécaires de Nancy nous a mis à même de découvrir dans un vol imineux recueil de lettres autographes adressées à Dom Calmet, deux lettres de M. de Charvet, relatives aux tombes ducales de Beaupré. Bien que certains des renseignements qu'elles renferment et qui ont été mis à profit dans l'*Histoire de Lorraine,* soient erronés, il nous a paru intéressant de les faire connaître : c'est un complément presque indispensable du travail qui précède.

# PREMIÈRE LETTRE (1).

A Monsieur
Monsieur l'abbé de Senones
à Senones
par Raon.

Monsieur,

Comme S. A. R. m'a honoré du soin de faire trans-
férer dans l'Eglise des Cordeliers de Nancy, où j'ay fait
rétablir la sépulture royale, les corps de nos ducs épars
en différents monuments, j'allay hyer à Beauprés, où
on fait des excavations.

J'avais une petite note tirée de votre histoire, par
laquelle je vois, ainsi que par d'autres autheurs, que ces

(1) N° 86 du recueil. — Elle porte un cachet en cire noire
aux armes des Charvet.

Mrs devaient être dépositaires du corps de Ferry quatre, qu'ils appellent 5ᵉ dans une inscription, avec sa femme Isabelle, fille d'Albert d'Autriche ; lequel duc, selon l'inscription, mourut à Nancy, le 21 avril 1329, et selon d'autres a été tué à Cassel en 1328.

Ils ont encore Ferry trois, qu'ils appellent 4ᵉ dans l'inscription ; Il mourut à Nancy en 1303 ;

Un de ses fils nommé Ferry, Evêque d'Orléans ;

Le cœur de son épouse, Marguerite, fille du roy de Navarre.

Nous n'avons reconnu aucun vestige de Thiébaut second, fils de ce Ferry 3ᵉ, qui doit être enterré à Beauprés en 1312, et je vous serais obligé de me dire ce que vous en scavés.

Nous avons trouvé le corps du duc Raoul dans un cercueil de plomb, sous une petite voûte, au pied du grand autel, quoique sa tombe soit transférée au collatéral gauche.

On prétend que son épouse y est aussi, mais nous n'en avons eu aucune connaissance. Je vous serai redevable de me donner un mot de vos lumières sur ces faits, afin que mon procès-verbal soit sincère, et qu'il ne renferme rien de contraire au vray.

Quant aux affaires du temps, la matière est très-stérile, quoi qu'on dise bien des gasettes.

Nous croyons toujours l'élection prochaine.

Le prince continue la petite guerre avec succès, etc..

J'ai l'honneur d'être

avec autant de zèle que de respect,

Monsieur,

votre très humble et

très obéissant serviteur.

CHARVET.

A Lunéville ce 28 août 1745.

# DEUXIÈME LETTRE.

Monsieur,

J'ai différé de répondre à celle dont vous m'avez honoré......, pour scavoir si Mrs de Beauprés avaient quelque chose de remarquable au sujet du duc Raoul.

Je n'y ai rien découvert au-delà de ce que j'avais vu lors de son exhumatiou. Nous avons trouvé le corps de ce prince dans un petit caveau au milieu du sanctuaire, et les ossements de Marie de Blois, sa 2ᵉ femme (1). J'observay seulement l'endroit de la blessure de ce héros, qui était l'enfoncement du crâne du côté droit, ayant été lésé par son cheval qui se cabra et se renversa sur lui, effrayé d'un coup de lance que lui porta un Anglois.

_______

(1) C'est une erreur ; elle était à Sturzelbronn avec la maison de Linange, famille de son second mari.

Cette visite que j'ai faite m'a prouvé qu'Isabelle d'Autriche, femme de Ferry quatre, dit Ferry 5e, était réellement à Beauprés près de son mari, et non à Saint-George comme ces Mrs (de Saint-George) le prétendent. Les os, les inscriptions, les figures, tout le prouve évidemment (1).

Nous attendons des nouvelles décisives d'Italie. On fait le siége de Parme ; etc.......................

Nous sommes à la veille de grands événements. Dieu veuille nous bénir !

Je serai toujours flatté de trouver lieu à vous marquer mon zèle, et le respect avec lequel j'ai l'honneur d'être,

Monsieur,

votre très-humble et très

obéissant serviteur.

CHARVET.

Ce 2 May 46.

(1) C'étaient les ossements et la statue de Thiébaut II, et non d'Isabelle. Quant à l'inscription, elle était fausse comme tant d'autres.